MUTTER ELVIRA

# DIE UMARMUNG

W0221843

MUTTER ELVIRA

# DIE UMARMUNG

## Die Geschichte der Gemeinschaft Cenacolo

*Herausgegeben von*
Michele Casella

media
maria

Bibliografische Information: Deutsche Nationalbibliothek.
Die Deutsche Nationalbibliothek verzeichnet diese Publikation in der Deutschen Nationalbibliografie; detaillierte bibliografische Daten sind im Internet über http://dnb. ddb. de abrufbar.

Titel der italienischen Originalausgabe:
MADRE ELVIRA
L'Abbraccio
© 2013 Edizioni San Paolo s.r.l., Cinisello Balsamo (Milano)

Titelbild: © Daniele Calisesi
Fotos im Innenteil: © Comunità Cenacolo

MUTTER ELVIRA
DIE UMARMUNG
Die Geschichte der Gemeinschaft Cenacolo
Michele Casella (Hrsg.)

© der deutschsprachigen Ausgabe:
Media Maria Verlag, 3. Auflage, Illertissen 2019
Übersetzung: Dr. Gabriele Stein
Alle Rechte vorbehalten
ISBN 978-3-9454011-0-1
www.media-maria.de

# *Einleitung*

Auf dem I. Apostolischen Weltkongress der Göttlichen Barmherzigkeit, der im April 2008 in Rom stattfand, sagte Mutter Elvira am Ende ihres Beitrags:

»Danke! Ich bin sehr froh, dass ich hier dabei sein durfte, bei diesem … diesem …« Sie suchte nach dem richtigen Wort.

Einer der Referenten wollte ihr helfen: »Kongress!«

Mutter Elvira entgegnete: »Es tut mir leid. Das sind Worte, die ich fast nie gebrauche!«

Alle lächelten, sie selbst auch.

Dann fügte sie hinzu:

»Ihr müsst entschuldigen, ich bin eine einfache Frau, wirklich einfach und … einfach und … nicht dumm, nein, das meine ich nicht, aber ich bin ein bisschen wie eine ›Gans‹! Eine fröhliche ›Gans‹, immer froh, zufrieden und lebendig … lebendig … wirklich lebendig!«

Das ist die Einfachheit, die aus den Seiten des vorliegenden Buches spricht. Die Worte sind nicht gekünstelt und auch nicht überarbeitet, sondern schlicht und direkt. Sie richten sich an alle und kommen von Herzen – frei heraus, selbstlos und ehrlich.

Wir sind uns bewusst, dass die unzähligen Worte und Katechesen, die aus dem Herzen und Mund von Mutter Elvira »heraussprudelten«, ein Schatz der Gnade sind, der uns geschenkt wurde. Deshalb machen wir euch diese Seiten zum Geschenk:

In einer Zeit, in der zwar ihr Wort und ihr Gedächtnis schwächer, doch ihr Blick noch lebendiger, durchscheinender und leuchtender geworden ist.

In einer Zeit, in der sie mehr mit den Augen spricht als mit dem Mund.

In einer Zeit, in der auf die Heftigkeit von Sturm, Erdbeben und Feuer die Zärtlichkeit des sanften Säuselns folgt.

In einer Zeit, in der Umarmungen und Lächeln wichtiger sind als Worte.

In einer Zeit, in der die Gegenwart mehr sagt als das Wort.

In einer Zeit, in der es mehr auf das Herz ankommt als auf den Verstand.

In einer Zeit, in der das Staunen, mit dem sie alles als etwas »Neues« entdeckt und betrachtet, uns allen hilft zu begreifen, dass wir Teil einer Geschichte sind, die größer ist als wir es uns vorstellen können und die uns von Tag zu Tag mehr überrascht und erstaunt.

In einer Zeit, in der das »Echo« ihrer kraftvollen Worte in uns widerhallt und die große, aber frohe Verantwortung uns bewegt, die wir für diesen Schatz tragen. Denn wir sind sicher, dass dieser Schatz nicht uns allein gehört, sondern zum Weitergeben bestimmt ist.

Deshalb haben wir die Idee zu diesem Buch aufgegriffen, denn wir glauben, dass die göttliche Vorsehung es gerade jetzt so gefügt hat. Auf diesen Seiten möchten wir weder Mutter Elvira noch die Gemeinschaft ins Zentrum stellen.

Vielmehr möchten wir Gott, dem Vater, die Ehre geben, indem wir euch ein wenig von ihrer und unserer Geschichte erzählen, denn Er ist es, der uns mit seiner Liebe überschüttet.

Wir sind eine Gemeinschaft von Menschen, die arm und sündig, schwach und verletzt sind. Wir sind Menschen, die tot waren, nun aber als Auferstandene leben. Mit einfachen, aber wahren Worten und in übergroßer Dankbarkeit wollen wir euch von der unermesslichen Barmherzigkeit erzählen, die Gott uns schenkt.

Betet für uns! Danke.

*Die Gemeinschaft Cenacolo*

*Der steht im Leben aufrecht,*
*der gelernt hat zu knien.*

# *Fang an zu zählen …*

Nachdem er eine Zeit lang in unserer Gemeinschaft gelebt hatte, fuhr Francesco für einige Tage nach Hause, um zu sehen, wie es ihm im Zusammenleben mit der Familie ginge und in welchen Bereichen er noch Hilfe brauchte. Diese Zeit der Prüfung, die man zu Hause verbringt, nachdem man ein Stück des Weges zurückgelegt hat (wir nennen sie *Verifica*), ist immer ein wichtiger Augenblick für die Jugendlichen, die in der Gemeinschaft Cenacolo Hilfe suchen, um »zu einem neuen Leben aufzuerstehen«. Auch die familiären Beziehungen, die in den Herzen oft tiefe Wunden hinterlassen haben, müssen erneuert werden, und die *Verifica* hilft dabei.

Aus diesem Grund gab ich Francesco, bevor er ging, denselben Rat, den ich den Jungen und Mädchen immer gebe, deren Beziehung zu ihren Eltern verletzt ist – vor allem die Beziehung zu ihrem Vater:

»Geh nach Hause«, sage ich zu ihnen, »und wenn du deinen Vater von Weitem siehst, dann lauf, lauf, lauf ihm entgegen. Und dann wirfst du dich in seine Arme und umarmst ihn, umarme ihn ganz fest. Und während du ihn umarmst, musst du, ohne loszulassen, bis sieben zählen. Eins … zwei … drei … vier … fünf … sechs … sieben. Nach einigen Sekunden wirst du spüren, dass er versucht, die Umarmung zu lösen, aber dann hältst du ihn nur noch fester, und dann wird auch er dich fest umarmen. Und dann, nach diesen sieben Sekunden, lässt du ihn los und blickst ihm in die Augen. Dein Vater wird weinen. Du wirst weinen. Alle werden weinen.

Und du wirst aus diesem Mann wieder einen Vater gemacht haben.«

In diesen sieben Sekunden hält man inne und man wird sich der Erlebnisse und vor allem der Fehler der Vergangenheit bewusst. Man umarmt so die eigene Geschichte, die eigenen Wurzeln, die eigene Heimat. Diese Geste dringt tief ins Herz, ins Innerste, und löst die schlimmsten Verhärtungen. Und sie lässt Frieden zurück – den Frieden, der aus der Vergebung erwächst.

Bei seiner Rückkehr strahlte Francesco wie so viele andere vor ihm und erzählte mir: »Elvira, als ich meinen Vater kommen sah, habe ich mir gesagt: ›Francesco, wenn du jetzt nicht gehst, gehst du nie mehr.‹ Und dann habe ich tief Luft geholt, bin losgelaufen und habe ihn fest umarmt. Ich habe ihn nicht losgelassen, als er die Umarmung lösen wollte, ich habe in Gedanken bis sieben gezählt und ihn fest an mich gedrückt … und wir beide haben geweint wie die Kinder und einander von Herzen vergeben.«

Francesco ist einer von unzähligen jungen Menschen, die in der Umarmung die Kraft der Barmherzigkeit erfahren haben.

Die vielen jungen Leute, die in all diesen Jahren überall auf der Welt an die Türen der Gemeinschaft geklopft haben, kennen diese Umarmung genau, und viele haben die Freiheit erfahren, die in ihren Herzen daraus entstanden ist. Ich rate ihnen dazu, weil ich es selbst erlebt habe. Die Begegnung mit Gott hat mich mein Leben, meine verletzte Geschichte, umarmen lassen, sodass ich mich wegen der Schwäche meines Vaters nicht mehr geschämt habe. Die Begegnung mit Gott hat mir Freiheit, Frieden und Freude geschenkt.

Das möchte ich zu jedem von euch sagen: Lasst euch von der Zärtlichkeit und der Barmherzigkeit Gottes umarmen, umarmt euer Leben, euer Dasein. In dieser Geschichte ist Gott gegenwärtig. Sucht Ihn, und ihr werdet Ihn finden, ihr werdet Ihm begegnen.

Auch in den dunkelsten Zeiten unserer Lebensgeschichte war Er da, hat mit uns gelitten, hat mit uns und für uns am Kreuz gehangen. Und Er allein vermag die Finsternis in Licht, die Armut und das Elend, das wir erlebt haben, in Reichtum zu verwandeln, sodass auch wir diesen Reichtum an unsere Mitmenschen weiterschenken können. Das ist die Erfahrung, die ich in meinem eigenen Leben gemacht habe und die ich heute im Leben der Jugendlichen unserer Gemeinschaft staunend betrachte.

Immer wieder wird mir bewusst, dass die Geschichte, die ich erlebt habe und erlebe, nicht meine eigene Idee und auch nicht irgendwie geplant war. Ich bin selbst immer wieder am meisten überrascht, wenn ich sehe, was im Leben der Gemeinschaft Cenacolo geschieht. Sie ist ein Werk Gottes, des Heiligen Geistes und Marias.

Wie hätte ich mir eine solche Geschichte ausdenken können?

Ich will sie dir erzählen. Mit einer Umarmung.

Mit einer Umarmung durch diese Seiten.

Fang auch du an zu zählen …

# … EINS

# DIENEN IST HERRSCHEN

*Kindheit und Berufung*

*Das Törichte in der Welt hat Gott erwählt,*
*um die Weisen zuschanden zu machen,*
*und das Schwache in der Welt hat Gott erwählt,*
*um das Starke zuschanden zu machen.*
(1 Kor 1,27)

Es ist immer schwierig, sich selbst zu beschreiben.

Ich bin eine leidenschaftliche Frau: vom Besen bis zu den Kochtöpfen, von der Sorge um die Armen bis zum Gebet in der Kapelle.

Ich bin eine Frau, die verliebt ist in das Leben, verliebt in die Liebe.

Ich glaube an das Schöne, das Wahre, das Gute, das Gott jedem Menschen ins Herz gegeben hat.

Mein Platz ist die Straße, nicht der Schreibtisch. Stundenlang bin ich auf den Knien, doch dann springe ich auf und laufe – gemeinsam mit den Armen, den Blinden, den Tauben, den Stummen und den Lahmen, denn auch mir geht es immer wieder so wie ihnen …

Nie habe ich daran gedacht, lesen zu lernen und zu studieren, um andere belehren zu können und »wohltätig« zu sein. Die Nächstenliebe ist mein Leben, ist das Geschenk meiner selbst, das Geschenk meiner Freude über ein immer wahrhaftigeres und leidenschaftlicheres Ja zu Gott.

Ich bin eine Frau, die jeden Tag ins Staunen gerät, wenn sie die Werke Gottes betrachtet.

Es macht mich immer etwas verlegen, wenn ich von mir erzählen, Zeugnis geben soll, aber ich tue es gern, weil ich auf diese Weise Gott danken möchte!

Ich besitze keinerlei Qualifikation zum Reden oder zum Unterrichten, ich bin die Tochter armer Leute und habe nur die dritte Volksschulklasse abgeschlossen. Zu Hause musste ich mithelfen; zum Lernen war oft keine Zeit. Doch Gott hat voller Barmherzigkeit auf mich geschaut und mich zu seiner Zeugin gemacht, ganz sicher! Ich rede, weil ich seit Jahren eine lebendige Zeugin der Auferstehung Jesu bin, die sich im Leben der jungen Menschen wiederholt. Wenn ich ihnen begegne, sind sie wie tot, und dann sehe ich, wie sie Schritt für Schritt zu neuem Leben auferstehen.

Und so habe ich heute den Mut zu reden, denn die Zeit ist gekommen, zu evangelisieren und Zeugnis abzulegen.

Zuerst will ich vor allem Gott danken – Ihm, der mein Leben gewollt hat. Ich bin überzeugt, dass Gott schon in dem Moment, als ich im Schoß meiner Mutter empfangen wurde, mich zu etwas Schönem, Großem und Fruchtbarem berufen hat – zu etwas Besonderem, das anderen Menschen zugutekommen sollte. Ich bin glücklich, dass ich lebe und mich in meinem Leben für andere einsetzen kann. Das bereichert vor allem auch mich selbst. Ich bin so reich, weil mich die Entbehrungen von klein auf gelehrt haben, mich hinzugeben und für andere da zu sein, zu lächeln und die Schwierigkeiten zu überwinden, ohne ein finsteres Gesicht zu ziehen oder zu sagen: »Ich schaffe das nicht.« Und ich bin froh darüber, dass ich immer noch in diese wunderbare »Lebensschule des Dienens« gehen darf.

Alles, was ich in meinem Leben gelernt habe, habe ich gelernt, indem ich für andere da war, ihnen gedient habe.

Ich komme aus einer vielköpfigen Familie. Wir haben die ganze Armut und die Entbehrungen der Nachkriegszeit zu spüren bekommen. Wir waren eine arme Familie, die während des Krieges aus Sora in Mittelitalien in den Norden nach Alessandria gezogen war, weil der Vater dort Arbeit gefunden hatte. Das Haus, das sie uns, der Familie aus dem Süden, gegeben hatten, war klein wie ein Hühnerstall. Die aus dem Süden wollte sowieso niemand haben, weil sie so viele Kinder hatten. Und um mich herum sah ich dort, wo wir untergekommen waren, andere Familien, andere Mädchen wie mich, die jedoch in »besseren Verhältnissen« lebten, die etwas reicher und wohlhabender waren.

Ich erinnere mich an einen Satz, den meine Mutter mir jedes Mal gesagt hat, wenn ich mit meinen Freundinnen – auch mit denen, die mehr hatten als ich – zusammen war. Wenn wir ein Stück Brot im Haus hatten – und das war in Kriegszeiten nicht leicht zu bekommen! – oder wenn es Kirschen gab, dann sagte »Mamma« Concetta zu mir: »Denk daran, Rita, all diese Münder sind Geschwister. Steck dir nie etwas in den Mund, ohne auch den anderen davon abzugeben.«

Selbst in Armut und Not erzog sie uns zur Solidarität.

Ich bin wirklich eine Tochter armer Leute, aber heute bin ich darüber sehr, sehr froh.

Wie schön ist doch die Armut!

Die Armut ist nichts Negatives. Die Armut ist Freiheit! *Wir* sind viel wichtiger als die materiellen Dinge, wichtiger als der Reichtum oder der Erfolg. So sehen wir deutlich, dass das Leben viel mehr wert ist als alle materiellen Dinge!

Ich bin froh, dass ich in einer Zeit geboren wurde, in der sich nicht alle satt essen konnten und in der wir immer hungrig vom Tisch aufgestanden sind, denn das hat uns geprägt und uns gelehrt, Opfer zu bringen.

Ich habe begriffen, dass die materielle und äußere Armut die Einheit in der Liebe der Familie nicht zerstören kann. Mir ist bewusst geworden, dass wahrer Frieden und wirklicher Wohlstand Dimensionen des Herzens sind, die man erfährt, wenn man gut und großzügig ist. Die Hingabe an die anderen macht uns zu jener großen Familie, die gemeinsam mit aufrichtigem Herzen das Vaterunser beten kann.

Jenen Gott, der ein wirklicher Vater ist, habe ich entdeckt, als ich noch ein Kind war, und sofort habe ich gelernt, mich auf Ihn zu verlassen. Ich erinnere mich an ein Gebet, das meine Mutter immer dann auf den Lippen hatte, wenn die Not besonders groß war und das Kreuz besonders schwer wurde:

»Heiliges Kreuz, verlass uns nicht!«

Sie sprach diese Worte in unserem Dialekt, dem »Ciociaresco«. Dieses einfache Stoßgebet hat mich immer sehr berührt.

Ich hatte eine starke Mutter, die uns auch forderte. Mein Vater verlor wegen seiner Schwäche für den Alkohol oft seine Arbeit und war nicht immer eine Hilfe für die Familie. Doch in diesen schwierigen Momenten sagte meine Mutter nicht: »Mein Gott, warum hast du das zugelassen? Was sollen wir jetzt tun? Hilf, dass er wieder eine Arbeit findet!«, sondern voll Schmerz, aber auch voll Vertrauen sagte sie immer wieder: »Heiliges Kreuz, verlass uns nicht!«

Sie liebte das Kreuz, hat sich am Kreuz festgehalten und gerade im Kreuz Kraft gefunden.

Niemand wünscht sich zu leiden, doch dank ihrer Worte

habe ich verstanden, wie wichtig es ist, dass wir in unserem Leben lernen, mit dem Kreuz zu leben, denn es ist wie eine Mutter; wir müssen es lieben, damit wir unser ganzes Leben gut meistern können. Das ist die Erfahrung, die wir in unserer Familie gemacht haben.

Kaum hatten wir ein bisschen Geld, gab es mein Vater Antonio für Alkohol aus.

Er liebte den Wein. Als kleines Mädchen war das für mich nicht leicht und ich schämte mich dafür, vor allem dann, wenn er mich angetrunken von der Schule abholte und meine Mitschülerinnen ihn sahen und mich auslachten.

Ich weiß noch, wie er auf seinem Fahrrad dahergetorkelt kam und die Kinder sich über mich lustig machten und zu mir sagten: »Schau, Rita, dein Vater ist schon wieder betrunken!« Dann fühlte ich mich schlecht und ich begriff, dass es nicht gut ist, vom Alkohol abhängig zu sein. Doch auch diese Situationen waren wichtig für mich. Sie haben mich gelehrt, was Opfer und Demut wirklich bedeuten.

Doch wenn ich heute darüber nachdenke, sehe ich, dass mein Vater mich immerhin – trotz seiner Schwäche – von der Schule abgeholt hat; viele Väter taten und tun das nie.

Andererseits dachte er sich auch überhaupt nichts dabei, mich mitten in der Nacht zu wecken und zu sagen: »Rita, geh und hole mir Zigaretten!« Ich erinnere mich noch genau an die dunkle Straße, die ich entlanggehen musste, und wie ich gerannt bin und dabei gesungen habe, um die Angst zu überwinden. Die kahlen Äste der Bäume sahen in der Nacht aus wie lange, bedrohliche Arme. Wenn ich dann endlich beim Tabakhändler angekommen war, klopfte ich an das Rollgitter, und er stand auf – nicht sehr erfreut – und gab mir ein paar Zigaretten. Dann lief ich wieder schnell nach Hause zurück, um meinem Vater eine Freude zu machen.

All das Leid, dass ich in meiner Familie erlebte, wurde durch die Begegnung mit Gott verwandelt und erhellt. Heute kann ich sagen, dass mein Vater meine »Universität« gewesen ist, an der ich gelernt habe, mit Würde alle zu lieben und für sie da zu sein. Er war der erste Arme, dem ich helfen durfte, den ich annahm und liebte.

Ich erzähle diese Dinge, um Gott die Ehre zu geben, weil er mir einen Vater geschenkt hat, der keine Angst hatte, so zu sein, wie er war. Damit will ich seine Fehler nicht rechtfertigen, aber wir sollten daran denken, dass niemand als Vater oder Mutter geboren wird, sondern dass man erst Schritt für Schritt lernen muss, es zu sein.

Bestimmt hat der Heilige Geist bei meinem Vater schon an die Mission gedacht, die Gott für mich vorgesehen hatte. Die Schwäche meines Vaters war meine erste Lebensschule. Sie hat mich sehr geprägt.

Im Licht meiner eigenen Geschichte bringe ich den Jungen und Mädchen heute bei, ihren Vater und ihre Mutter zu lieben, sie zu respektieren und ihnen zu vergeben – so, wie ich es getan habe. Das aber ist nur möglich, wenn sie dem himmlischen Vater begegnen, der vor unserem irdischen Vater und vor unserer irdischen Mutter ist.

Ein Vater wie meiner hat ganz gewiss in seiner Kindheit viel gelitten, und deshalb müssen wir anderen gegenüber genauso barmherzig sein, wie andere auch uns gegenüber barmherzig waren.

Ich habe meinen Vater sehr geliebt, ich war immer für ihn da, und deshalb schäme ich mich nicht, darüber zu reden.

Wenn du liebst, dann schämst du dich nicht mehr.

Jeden Tag freue ich mich mehr über mein Leben. Ich bin froh, dass ich geboren wurde, und glücklich, dass ich mir keine Sorgen um mich selbst machen muss. In meinem Leben hatte ich nie viel Zeit, an mich selbst zu denken, daran, wie es mir ging, ob ich froh oder traurig, gut oder schlecht gestimmt war. Ich musste mich stets um die anderen kümmern. Kein Reich ist so faszinierend und wunderbar wie das menschliche Herz. Im Dienst für Gott und die Menschen erfahre ich, dass es wahr ist, wenn gesagt wird, dass Dienen Herrschen sei.

Ich denke oft: »Wie gut ist der Herr zu mir gewesen!«

Er hat mich von klein auf geliebt, behütet und »gehegt«.

Mit siebzehn war ich verlobt, ich hatte einen Freund, der mich gernhatte (zu meiner Zeit »sprach« man von der Liebe, aber man »machte« keine Liebe).

Wir sprachen auch davon, dass wir viele Kinder haben wollten … und dann … dann ist in meinem Inneren etwas geschehen.

Irgendwann habe ich mich gefragt: »Das ganze Leben mit ihm? Nur mit ihm? Nur für ihn? Nein, das kann ich nicht. Das ist nicht mein Weg.«

Das wäre mir einfach zu eng gewesen.

Denn da gab es noch einen ganz anderen Bräutigam, der an die Tür meines Herzens klopfte und der mein Herz weit machte.

Es war Jesus, der Zimmermannssohn aus Nazareth, von Beruf selbst auch Zimmermann, der mich zu seiner glücklichen Braut machen würde.

Darum verließ ich mit neunzehn Jahren meine Familie. Das war vor allem für meine Mutter sehr schmerzhaft, weil sie unseren Lebensunterhalt verdienen musste und ich mich um den Haushalt und meine Geschwister gekümmert hatte. Keines meiner Geschwister war einverstanden. »Ordensschwester zu werden« ergab für sie einfach keinen Sinn.

Doch der Ruf war stärker – stärker als die Gefühle, stärker als das Blut, stärker als das Fleisch, stärker als die Probleme zu Hause, stärker als all die Vorbehalte der anderen und auch stärker als meine eigenen Vorstellungen vom Leben.

Es war der 8. März 1956, als ich ins Kloster eintrat.

Früh am Morgen stand ich in aller Stille auf, nahm die Pappschachtel mit meinen Habseligkeiten und ging fort.

Am Bahnhof wollte ich gerade in den Zug einsteigen, als ich hinter mir das unverwechselbare Klappern der Holzpantoffeln meiner Mutter hörte. Sie hatte sich ein Schultertuch übergeworfen und war mir gefolgt.

Sie hatte begriffen, dass etwas in mir in Bewegung geraten war, dass ich mich auf eine Reise vorbereitete, dass ich fortging.

Unsere Blicke kreuzten sich.

Viele Fragen standen in ihren Augen: »Rita, was tust du? Verlässt du uns? Gehst du fort? Wie soll es ohne dich weitergehen?«

Ich schaute sie an … und stieg in den Zug.

Später habe ich mir deswegen Vorwürfe gemacht, weil ich glaubte, ich hätte den Schmerz meiner Mutter nicht wirklich verstanden, bis eines Tages einer der Jugendlichen, denen ich davon erzählte, zu mir sagte: »Elvira, wie gut, dass du in diesen Zug gestiegen bist, sonst würden wir heute noch verzweifelt dasitzen und warten! Stattdessen hast du uns mit in diesen Zug genommen!«

Es ist wahr. Heute erkenne ich, dass damals viele mit mir gemeinsam in diesen Zug gestiegen und losgefahren sind, und deshalb preise ich den Herrn, der mich nicht hat umkehren lassen. Wenn ich umgekehrt wäre – wie viel ärmer wäre ich heute. Ich hätte niemals all die schönen Dinge sehen können, die Gott durch mein Leben gewirkt hat. Diese Reise dauert noch immer an und mein Leben ist voll Licht, Zuversicht, Frieden und Freude.

In Borgaro Torinese trat ich in ein Kloster ein, das noch heute eine blühende Gemeinschaft ist: bei den Barmherzigen Schwestern der heiligen Johanna-Antida Thouret, einer großen französischen Gründerin, die ihr Herz ganz dem Dienst an den Armen gewidmet hat, ohne Unterschiede zwischen ihnen zu machen.

In dieser Gemeinschaft, in der ich meinen Namen Rita Agnese ablegte und »Schwester Elvira« genannt wurde, blieb ich ungefähr achtundzwanzig Jahre lang. Ich war in verschiedenen Bereichen tätig, aber vor allem bin ich viele Jahre lang Köchin gewesen, und es war mir immer eine große Freude, dafür zu sorgen, dass es den anderen gut ging.

Später aber begann in mir ein Feuer zu brennen, und ich spürte immer stärker den drängenden Wunsch, etwas für die Jugendlichen zu tun, insbesondere für diejenigen, die nach dem Sinn ihres Lebens suchten. Ich sah sie durch die Straßen ziehen und auf den Plätzen herumlungern, gefangen in der Betäubung durch die Drogen. Ihre Verzweiflung, ihr tägliches Sterben klangen mir in den Ohren wie ein gellender Schrei nach Leben und Wahrheit. Sie wollten wissen, ob die Liebe wirklich existiert, ob es Hoffnung gibt, ob es wirklich möglich ist, in innerem Frieden zu leben, ob ihre

Geschichte neu geschrieben, ihr Leben neu aufgebaut werden kann, ob sie es schaffen können, einen neuen Anfang zu machen.

All das las ich in den Gesichtern und in den falschen Entscheidungen dieser jungen Menschen.

Ich sah sie »ohne Hirten«, ohne Orientierung, am Rande des Abgrunds. Obwohl sie alles hatten – die Taschen voller Geld, Autos, Bildung, alles, was man ihnen an Materiellem hatte geben können –, waren sie dennoch traurig und tot in ihren Herzen.

Wenn ich vor dem Allerheiligsten betete, meinte ich, ihren Schmerzensschrei zu hören und ihre Hilfsbedürftigkeit am eigenen Leibe zu spüren.

Ich fühlte einen Drang in mir, den ich nicht unterdrücken konnte und der immer stärker wurde. Es war keine Idee; ich wusste ja nicht einmal selbst, was da geschah, aber ich spürte, dass Gott mir etwas für diese Jugendlichen ins Herz gelegt hatte, das ich ihnen geben sollte.

Immer und immer wieder bat ich meine Oberen, etwas für sie tun zu dürfen. Doch sie sagten mir zu Recht, dass ich ins Ungewisse ginge, dass ich nicht vorbereitet sei, dass ich mich mit den Problemen der Jugendlichen weder befasst habe noch auskenne, dass ich es nicht schaffen würde, eine solche Aufgabe zu übernehmen. Das alles waren berechtigte Bedenken, die mich warten, leiden, beten ließen. Doch das Feuer in mir erlosch nicht!

Es war ein wahrer Leidensweg für mich, warten zu müssen, bis der Heilige Geist das, was sich in mir regte, zur Entfaltung brachte. Ich litt wirklich heftig, denn ich meinte, Zeit zu verlieren. Doch die Zeit gehört Gott, und an mir lag es, seinen Zeitpunkt abzuwarten – bis die Stunde gekommen war und ich endlich für die Jugendlichen da sein konnte, um sie zu beschützen, zu erziehen und zu lieben.

Es gab Augenblicke der Versuchung, dann dachte ich:

»Warum vertrauen sie mir nicht?«

Doch dann sagte ich mir:

»Warum sollten sie mir vertrauen? Ich bin ein schwaches, kleines Geschöpf, das fliegen will!«

Manch einer sagte sogar zu mir:

»Elvira, warum trittst du nicht aus deinem Orden aus? Dann kannst du endlich machen, was du willst!«

Aber ich wollte gar nicht »machen, was ich wollte«, mir ging es vielmehr um etwas ganz anderes: Ich wollte die Gewissheit haben, dass das, was ich in mir trug, nicht von »mir« kam, sondern von Gott, und ich war mir ganz sicher, dass ich nur durch den Gehorsam zu dieser Gewissheit gelangen konnte.

Also wartete ich voller Vertrauen und Hoffnung, jahrelang betete, litt und liebte ich und fragte immer wieder nach … bis meine Oberen eines Tages Vertrauen hatten und zu mir sagten: »In Ordnung!«

Heute, mit meinen über siebzig Jahren, verstehe ich den Sinn. Ich sehe, dass all das ein Segen war, es waren die »Geburtswehen«. Noch heute bin ich meinen Oberinnen von damals sehr verbunden, wir sind Freundinnen, und viele Schwestern, die mir zur Seite stehen, staunen gemeinsam mit mir über das, was geschehen ist. Weil sie mich kennen, begreifen sie, dass all das von Gott und ganz sicher nicht von mir gekommen ist.

Inzwischen beherbergen die Barmherzigen Schwestern der heiligen Johanna-Antida Thouret im Wärterhaus im Garten desselben Klosters in Borgaro Torinese, wo ich eingetreten bin, eine Cenacolo-Gemeinschaft von etwa zwanzig jungen Männern. Das ist für mich eine große Freude, ein großer Segen, Zeichen einer freundschaftlichen Verbundenheit im Herrn und im Dienst an den Armen; eine Verbundenheit, die nach wie vor besteht, die viel größer ist als die Schwierigkeiten, denen wir unterwegs begegnet sind.

Tatsächlich geschah es, dass die Gemeinschaft in den darauffolgenden Jahren immer mehr wuchs und die neuen Entwicklungen weitere Schritte notwendig machten. Daher musste ich schließlich zum Leidwesen aller Beteiligten den Orden verlassen. Noch heute frage ich mich zuweilen nach dem Grund für dieses Opfer, diesen so schmerzhaften »Schnitt«, aber mir helfen die Worte, die ich in den letzten Jahren von vielen gehört habe: »Elvira, Gott hat auf diese Weise bewirkt, dass etwas ganz Neues entsteht!«

Wenn ich heute zurückdenke, dann erscheint mir meine Vergangenheit als ein Segen. Wenn ich mich an meine Kindheit und die Dinge erinnere, die ich später erlebt habe, dann kann ich wirklich sagen, dass es gerade wegen all der Schattenseiten eine »gute Geschichte« gewesen ist. So viel göttliche Gnade inmitten von so viel menschlicher Schwäche!

Ich sehe, dass der Heilige Geist mich durch das Chaos des Krieges und die Erfahrungen in meiner Familie auf die Nächstenliebe, auf das Mitgefühl, auf meinen Dienst vorbereitet hat. Er hat mich gelehrt, denen zu helfen, die mehr gelitten haben als ich.

Meine Eltern und später auch meine Oberen waren in einem gewissen Sinne inspiriert und gelenkt von der Hand des

Heiligen Geistes, der mich durch sie auf das vorbereitet hat, was ich heute erlebe.

*Die großen Dinge tut Gott mit den Menschen,*
*denen bewusst ist, dass sie klein sind.*
*Je kleiner und ärmer wir uns fühlen,*
*desto größere Dinge wird der Herr*
*durch die Gemeinschaft tun.*

(Aus der *Lebensregel* der Gemeinschaft Cenacolo)

# … ZWEI

# DIE ERSTEN SCHRITTE

*Das erste Haus*

*Der Stein, den die Bauleute verwarfen,*
*er ist zum Eckstein geworden.*
(Ps 118,22)

Nach Jahren des Wartens und Betens ließen die Oberen mich schließlich »gehen«. So wurde nach diesen »Geburtswehen« endlich die Gemeinschaft Cenacolo geboren. Der Plan der zärtlichen und barmherzigen Liebe, den Gott, der Vater, für die Jugendlichen im Sinn hatte, wurde endlich Wirklichkeit.

Begonnen haben wir in einem Haus auf dem Hügel oberhalb der Stadt Saluzzo. Es war uns von der Gemeinde kostenlos zur Verfügung gestellt worden. Ich war früher schon einmal in Saluzzo gewesen. Die Barmherzigen Schwestern führten den dortigen Kindergarten *Regina Margherita* und so hatte ich die Stadt bereits kennengelernt. Ich wusste von dem leer stehenden Haus auf dem Hügel, das der Stadt gehörte und für soziale Zwecke bestimmt war.

Ich fragte an, ob ich es bekommen könne, um darin junge und bedürftige Menschen aufzunehmen, und die Stadt war so mutig und großzügig, das Projekt zu genehmigen. Am 16. Juli 1983, dem Tag, an dem die Kirche Unserer Lieben Frau auf dem Berge Karmel gedenkt, war es so weit. Ich bekam die Schlüssel und konnte anfangen.

Als ich sah, wie sich das Gittertor öffnete, atmete ich tief durch, weil ich so erleichtert war.

Ich erinnere mich, dass ich in meinem Inneren gleichsam vor Freude getanzt habe!

Plötzlich brach die Fülle des Lebens aus mir heraus, die Begeisterung und Freude nach der langen Zeit des Wartens. Endlich wurde aus der Sehnsucht Wirklichkeit.

Ich weiß noch, wie mein Blick zwischen Schutt und Dornensträuchern an einer kleinen Muttergottesstatue über der Eingangstür hängen blieb. Als ich sah, dass Maria schon da war und auf uns wartete, um uns zu empfangen und das zu bestätigen, was wir im Herzen trugen, wurde meine Freude noch viel größer.

Das Haus hatte einige Jahre leer gestanden und als wir ankamen, fanden wir vor, was man in einem verlassenen Haus eben vorfindet: Gestrüpp, wilde Sträucher, kaputte Türen, Fenster ohne Scheiben … Meine Begleiter »rauften sich die Haare«, als sie diesen trostlosen und verwahrlosten Ort sahen. Es war, als wollten sie sagen: »Wie soll man hier bloß leben?«

Doch vor meinem inneren Auge sah ich das Haus bereits wieder schön hergerichtet, voller junger Menschen, voller wahrer Freude und Freiheit – so wie es heute ist.

Bei mir waren Nives, eine Lehrerin, die ich während meines ersten Aufenthalts in Saluzzo kennengelernt hatte, und Schwester Aurelia aus meinem Orden, die darum gebeten hatte, mit mir gehen zu dürfen.

Wir machten uns ans Werk: mit der Glut, Kraft und Schönheit der Liebe.

Das Aufräumen, die ersten Arbeiten, der Wiederaufbau … all das war von großer Begeisterung, von Kraft und Freude getragen.

Wir arbeiteten Tag und Nacht und trotzdem fürchtete ich mich keinen Augenblick lang vor dem Opfer und nie kam mir das, was wir da taten, schwer oder mühsam vor.

Es stimmt, wir hatten nichts und schliefen auf dem Boden. Die kaputten Fensterläden des Hauses dienten uns als Bänke und Tische. Es gab sonst nichts … und doch war da so viel mehr! Denn wenn nichts da ist, gibt es »mehr«: mehr Solidarität, mehr Liebe, mehr Lächeln, manchmal auch mehr Tränen, aber das macht nichts. Das Leben ist so: Es besteht aus Licht und Schatten, Mut und Angst, Stärke und Schwäche.

Doch die Liebe war unter uns lebendig und wieder einmal war sie stärker als die Not, die Angst oder das Scheitern.

Viele fragten mich damals, was ich verwirklichen wolle, welche Idee ich im Kopf habe. Sie sagten zu mir: »Elvira, du brauchst ein Programm! Du musst erklären, was du tun, was du erreichen willst, und was du dazu brauchst.« Doch ich wusste nicht einmal, was eigentlich ein »Programm« ist. Ich hatte keine Vorstellung davon. In jener ersten Zeit gab es so viel zu tun, dass ich tatsächlich über nichts nachdachte. Ich hatte gar keine Zeit dazu. Ich erinnere mich nicht daran, irgendetwas geplant zu haben, nicht im Kopf und schon gar nicht auf dem Papier und auch nicht unter Zeitdruck. Vielmehr war ich in meinem Herzen fest davon überzeugt, dass Er, der mich gerufen hatte und mich all das erleben ließ, mir auch Tag für Tag den nächsten Schritt zeigen würde.

Es hätte auch ein Fehlschlag werden können, doch damals habe ich nie an diese Möglichkeit gedacht, denn in mir war die Kraft einer Liebe, die keine rein menschliche Liebe und auch nicht nur meine eigene Liebe war. Ich wusste nicht einmal, ob ich überhaupt fähig sein würde, zu lieben, doch in mir war ein Mut, der nicht nur mein eigener war, eine große Bereitschaft, etwas zu riskieren, über das Unmittelbare hinauszusehen und jedem Rückschlag zum Trotz einfach weiterzumachen.

Heute weiß ich, dass es die Liebe Gottes war, die meinen Willen, meine Freiheit, meine Kraft und meine Schwäche durchdrungen hatte. Damals habe ich gewissermaßen meinen Glauben wiederentdeckt. Ich habe einen konkreten, »fleischgewordenen«, einen tätigen und risikobereiten Glauben gefunden.

Endlich war Gottes »Stunde« gekommen: Das Tor hatte sich geöffnet und mein Inneres hatte vor Freude getanzt.

Jetzt würden wir Schritt für Schritt voller Staunen entdecken, was Gott von uns wollte.

Der Name »Cenacolo« war nicht meine Idee.

Für eine kurze Zeit war ein Priester bei uns gewesen, der gekommen war, um mit den Jugendlichen mitzuleben. Er schlug diesen Namen vor und ich nahm seinen Vorschlag an, denn ich war immer offen für die Ratschläge, die andere mir gaben. Ich wollte schließlich das tun, was der Herr wollte!

Ich hatte mir gewünscht, dass Maria auf jeden Fall dabei sein sollte, und das Wort *Cenacolo* (»Abendmahlssaal«) ließ mich sofort an die Kirche denken, an die Apostel, die sich nach dem Tode Jesu voller Angst gemeinsam mit Maria im Abendmahlssaal eingeschlossen hatten. Doch dann begannen sie, mit ihr zusammen zu beten. Der Heilige Geist kam auf sie herab, und die Apostel wurden zu mutigen Zeugen. Die Tür, die sie aus Angst verschlossen hatten, öffnete sich für das mutige, freie und freudige Bekenntnis.

Heute glaube ich, dass dieser Name eine Prophezeiung war. Nichts hätte das, was wir sein wollten, besser zum Ausdruck bringen können. Auch die Jugendlichen, die zu uns kommen, haben viele Ängste, sind verschlossen und verstummt in ihrem Denken und Sprechen und tragen oft eine große Traurigkeit, Einsamkeit und Herzensunruhe in sich. Doch Maria holt sie zu sich und bringt sie hierher, wo wir gemeinsam mit ihr beten. Der Heilige Geist kommt herab und macht die Jugendlichen nach und nach zu neuen Menschen, zu freien und mutigen Zeugen der Auferstehung.

Im Laufe der Jahre ist unser Mutterhaus dank der Arbeit der jungen Leute und der Hilfe vieler Freunde renoviert worden und erstrahlt heute in neuem Glanz. Danach sind viele weitere Häuser entstanden, doch das Abenteuer des Wiederaufbaus, das wir damals begonnen haben, ist noch lange nicht beendet. Die Gemeinschaft ist gewissermaßen eine »Baustelle des Lebens«, auf der unablässig gearbeitet wird.

Alle Tage staunen wir, jeder Tag ist ein Wunder.

Heute sehen wir dieses Wunder auf den Gesichtern der jungen Menschen. Ihr Lächeln lässt uns staunen, ihre leuchtenden Augen, ihre Freude und Kraft und auch die Ausdauer, in einer Gemeinschaft sein zu wollen, die sich als »anspruchsvoll« definiert. Ja, anspruchsvoll!

Unsere Liebe ist ohne Bedingungen und Erwartungen, doch sie baut auf der festen Überzeugung auf, dass in den jungen Menschen, auch wenn sie versagt haben, ein bislang unentdecktes Kapital steckt. Wir akzeptieren sie so, wie sie sind. Wir nehmen sie auf, um sie in ihrer heutigen Bedürftigkeit zu lieben, ohne an das Morgen zu denken. Doch gleichzeitig sollen sie lernen und begreifen, dass sie ein Morgen, eine Zukunft, haben, dass sie ihr Leben wieder aufbauen können, wenn sie die Dinge mit Liebe, Leidenschaft und Entschiedenheit tun. Deshalb sind wir anspruchsvoll, gerade weil wir sie lieben. Es ist eine Liebe, die ihnen ihre Würde zurückgeben will. Denn sie sind weder alt noch krank, noch haben sie eine körperliche Behinderung. Es sind junge Menschen, die vom Weg abgekommen sind, die aber ein Recht darauf haben, ihn wiederzufinden, indem sie den Wert ihres Lebens wiederentdecken. In ihnen steckt ein reicher Schatz an Gutem, an Willen, an Kraft und Liebe, den sie entdecken sollen und an den sie glauben müssen.

Wir haben in einem Haus angefangen, das baufällig und verwahrlost war wie das Leben vieler Jugendlicher, die dann an unsere Türen geklopft haben.

Die jungen Menschen haben mit den Mauern gleichzeitig ihren Willen, ihr Selbstvertrauen, ihre Zukunft und ihre Freundschaft wieder aufgebaut.

Ich habe zu den Jugendlichen gesagt: »Hier bezahlt niemand für euch! Ihr selbst müsst euer Leben neu aufbauen, indem ihr die Ärmel hochkrempelt und euch anstrengt und so Schritt für Schritt, Stein auf Stein entdeckt, dass die Kraft und die Würde eines neuen Lebens in euch stecken.«

Und sie haben meinen Worten geglaubt.

*Wir sind in einem verwahrlosten Haus geboren,*
*ohne irgendeine finanzielle Sicherheit:*
*Alles ist Gottes Werk*
*und die Frucht der Bemühungen vieler Brüder und Schwestern.*
*Wir denken oft an unsere Anfänge zurück,*
*die arm waren, aber schön, und reich an Glauben,*
*Opfer, Freude und lebendigem Gebet.*

(Aus der *Lebensregel* der Gemeinschaft Cenacolo)

# … DREI

# ENDLICH BIST DU DA!

*Die Aufnahme*

*Auch der Sperling findet ein Haus*
*und die Schwalbe ein Nest für ihre Jungen –*
*deine Altäre, Herr der Heerscharen,*
*mein Gott und mein König.*
(Ps 84,4)

In der Anfangszeit in Saluzzo sah ich eines Tages, wie sich ein Mann dem Tor näherte, und ich ging ihm entgegen. Er hatte traurige Augen, war zutiefst beschämt und vom Leben enttäuscht. Man sah ihm an, dass er wütend war, wütend auf sich selbst, auf das Leben und auf die ganze Welt. Ich spürte in meinem Herzen, dass ich ihm diese einfachen Worte sagen musste, während ich ihm in die Augen schaute und ihn an die Hand nahm: »Ich habe auf dich gewartet, endlich bist du da!« Er blickte auf und Tränen füllten seine Augen, er atmete auf und fasste Vertrauen. Einige Zeit später hat er mir erzählt, dass er nie einen Vater oder eine Mutter gehabt hatte. Sie hatten ihn gleich nach der Geburt verlassen und noch nie in seinem Leben hatte jemand auf ihn gewartet und ihn geliebt. Er war in Kinderheimen groß geworden und auf alles und jeden wütend gewesen, doch an jenem Tag hatte er sich zum allerersten Mal in seinem Leben geliebt gefühlt wie ein Sohn, der endlich von seiner Mutter in die Arme geschlossen wurde. Dieser Mann ist bis heute bei uns geblieben, denn dort, wo Liebe ist, lässt es sich gut leben.

»Wir haben auf dich gewartet, endlich bist du da!« – Seit jenem Tag empfangen wir jeden jungen Menschen, der an unsere Tür klopft, mit Worten oder Gesten, die genau das zum Ausdruck bringen.

Denn der Mensch muss spüren, dass es erwartet wird, nur dann fühlt er sich auch geliebt.

Für den Anfang hatten wir, meine ersten Mitarbeiter und ich, uns eigentlich einen Monat Zeit nehmen wollen, um dadurch die Gemeinschaft unter uns wachsen zu lassen. Durch das Gebet und unser Zusammenleben wollten wir uns auf diese neue Lebenswirklichkeit vorbereiten.

Doch nach ein paar Tagen standen drei Jugendliche vor dem Tor und fragten:

»Ist das hier die Gemeinschaft für die Drogenabhängigen?«

Wir sahen uns nicht als eine »Gemeinschaft für Drogenabhängige«, sondern als eine Gemeinschaft für junge Menschen, die sich selbst und den Sinn ihres Lebens verloren hatten, die gefangen waren in Überdruss und Unsicherheit und die komplett unfähig waren, etwas Begonnenes auch zu Ende zu führen. Und solche gab es viele! Das wussten wir von all den Müttern, die sich um ihre Söhne Sorgen machten. Sie hatten sich uns anvertraut und ihren Schmerz mit uns geteilt.

Als nun die Jugendlichen vor uns standen, sahen wir uns an und sagten zueinander:

»Drogen hin oder her, es sind junge Menschen.«

Und so sagten wir: »Ja!«

Sie kamen ins Haus und lebten mit uns in der »Armut des Augenblicks«. Da wir noch keine Möbel besaßen, schliefen wir anfangs auf dem Gras, das wir tagsüber gemäht hatten. Es war Juli und deshalb war es eigentlich auch kein großes Problem, sich aufs Gras zu legen und auf dem Boden zu schlafen. Die Jugendlichen nahmen diese Situation gelassen hin, denn wir alle lebten ja in dieser Einfachheit. Im Grunde waren diese Jugendlichen selbst unsere erste »Vorsehung«, denn sie machten sich sofort daran, uns zu helfen. Sie richteten die Zimmer wieder her und brachten das Grundstück in Ordnung.

So hat unsere Geschichte angefangen.

In meinem Inneren war der Gedanke:

»Wir werden zunächst ungefähr fünfzig Jugendliche in diesem Haus aufnehmen und dann mit der Therapie beginnen.«

Dabei wusste ich nicht einmal, ob »Therapie« überhaupt das richtige Wort war, denn im Grunde hielt ich sie nicht für krank, sie hatten kein Geschwür und keinen Krebs. Es waren vielmehr Jugendliche mit trüben Augen und toten Herzen. Sie baten mich nicht um irgendwelche Medikamente, sondern sie wollten wieder leben.

Und worin sollte die Therapie bestehen? Was hatte ich eigentlich diesen jungen Menschen an Wahrem und Dauerhaftem zu bieten? Es war mir ein wirkliches Anliegen, diesen Jugendlichen gegenüber aufrichtig zu sein. Ich wollte sie auf keinen Fall täuschen oder betrügen. Mir war bewusst, dass eine rein menschliche Therapie die Sehnsucht ihres Herzens nicht stillen würde, ihren gequälten Gewissen nicht den Frieden der Vergebung schenken könnte. Also dachte ich an die Momente in meinem eigenen Leben zurück, als auch ich ein verwundetes und enttäuschtes Herz hatte, als auch meine Augen getrübt waren. Ich erinnerte mich daran, dass es das Gebet war, das mir immer wieder geholfen hatte, das Feuer der Hoffnung neu zu entfachen, den Kopf zu heben und wieder daran zu glauben, dass ich es morgen schaffen würde. Und die Jugendlichen selbst bestätigten mich darin, dass dies die

Richtung war, die wir einschlagen mussten, denn sie baten mich, ihnen den Weg des Gebets zu zeigen und gemeinsam mit ihnen auf diesem Pfad zu gehen, der mir und so vielen anderen geholfen hatte und der nun auch ihnen helfen würde.

Und so haben wir gemeinsam diesen Weg eingeschlagen und wir haben nicht bei fünfzig Jugendlichen haltgemacht, wie ich es damals festgelegt hatte.

Sie kamen weiterhin ans Tor und sie baten mich nicht um Geld, sie baten nicht einmal um etwas zu essen, sondern sagten:

»Ich will leben; ich bin müde; ich will leben; ich will nicht sterben; ich will leben.«

Sie baten uns um das Leben – mit ihren Augen, mit ihren Tränen, mit ihrem Schmerz, oft auch mit ihrem körperlichen Verfall.

Und die Jugendlichen, die schon in der Gemeinschaft lebten, sagten zu mir:

»Elvira, nimm ihn auf! Ich gebe ihm mein Bett, ich schlafe heute Nacht auf dem Boden. Nehmen wir ihn auf, er braucht es!«

Zu sehen, wie einer mit dem anderen Mitleid hatte, wie sie einander helfen wollten, hat mir Mut und Zuversicht geschenkt.

Und so haben wir weitergemacht.

Anfangs, das muss ich zugeben, haben wir auch einige Fehler gemacht.

Wir dachten zum Beispiel, wir würden etwas Gutes tun, wenn wir den Jugendlichen pro Tag zehn Zigaretten gäben.

Wir wussten, dass das in vielen anderen Gemeinschaften üblich war, und deshalb haben wir es ein paar Jahre lang genauso gemacht. Doch ich muss gestehen, dass ich es nicht besonders gern sah, wenn ein Junge nach dem Mittagessen diese zehn Zigaretten austeilte.

Schließlich habe ich verstanden: »Ich muss die Verantwortung, die mir der Herr für diese Jugendlichen verliehen hat, mit aller Konsequenz, Wahrhaftigkeit und Stärke wahrnehmen.«

Das habe ich in einem ganz bestimmten Moment sehr deutlich gespürt: 1986, als ich zum ersten Mal nach Medjugorje kam.

Während der Wallfahrt wurde mir immer mehr bewusst:

»Ich bin diesen Jugendlichen gegenüber nicht treu!«

Ich fragte mich, ob für die, die zu uns gekommen waren, um sich von den verschiedenen Arten von Drogen zu befreien, diese Zigaretten nicht auch eine Art Droge waren.

Also musste ich stärker und fordernder sein.

Und so kniete ich mich eines Abends nach meiner Rückkehr in der Kapelle in Saluzzo vor sie hin und sagte zu ihnen:

»Jungs, ich bitte euch um Vergebung, weil ich euch nicht ganz vertraut habe. Ihr seid gekommen und habt Hilfe gesucht, um frei zu werden von jeder Art von Abhängigkeit. Ich aber habe euch – aus Angst, euch zu viel zuzumuten, und aus Sorge, dass ihr dann fortgehen könntet – die Zigaretten gelassen. Jetzt aber sage ich euch: Von heute Abend an wird in der Gemeinschaft Cenacolo nicht mehr geraucht! Euch allen steht es frei zu gehen, doch ihr könnt sicher sein, dass die Gemeinschaft euch gern wieder aufnehmen wird, wenn ihr euch entscheiden solltet, zurückzukommen.«

Ich wandte mich an den Jungen – er war mittlerweile ein Mann geworden –, der in puncto Zigaretten der »schwierigste Fall« war und sagte zu ihm:

»Domenico, geh und hole einen Beutel. Wenn ihr in der Gemeinschaft bleiben wollt, müsst ihr alle Zigaretten, die ihr noch in der Tasche habt, abgeben.«

Er ging zu jedem Einzelnen und alle griffen in ihre Taschen, sahen einander an und warfen widerstrebend ihre Zigaretten weg – die Zigaretten, die eigentlich noch bis zum Mittagessen des nächsten Tages hätten reichen sollen.

Und zu meinem großen Erstaunen haben sie tatsächlich alle weggeworfen.

Dann ging ich ins Büro und wir nahmen alle Zigarettenstangen, die wir noch hatten, und machten im Garten damit ein großes Feuer. Alle standen darum herum und sahen zu. Einige holten ihre Gitarren und fingen an zu singen, andere tanzten um das Feuer, andere weinten und wieder andere versuchten, noch schnell einen letzten »Zug« zu nehmen.

Für mich war es eine Freude, sie so großzügig, so mutig und willensstark zu erleben. Mit ihrem Tun sagten sie mir, dass sie sich für das Leben entschieden hatten und dass das Leben mehr, viel mehr wert ist als eine Zigarette.

Nicht einer ist fortgegangen, obwohl ich ihnen ganz offen gesagt hatte:

»Schaut, ich warte. Sollte einer von euch gehen wollen, dann bekommt er von mir das Geld für den Zug.« Doch keiner ist weggegangen, alle sind dageblieben.

Dann aber, nach zwei Wochen, sagte Walter, einer der Jugendlichen, zu mir:

»Elvira, es ist zu schwer für mich ohne Zigaretten, ich schaffe das nicht.«

Und er ging weg. Nach sechs Monaten aber kam er wieder und wir nahmen ihn wieder auf; so hat er sich ein neues Leben aufgebaut.

So etwas kam oft vor.

Aber wir haben nie jemanden verurteilt, auch wenn er die Gemeinschaft gegen unseren Rat verlassen hat, um seine eigenen Wege zu gehen. In solchen Situationen haben wir uns immer gesagt:

»Wir müssen Vertrauen haben und weitermachen! Er hat das Licht gesehen und darum wird er zurückkommen!«

In der ersten Zeit hatte jemand zu uns gesagt: »Das sind Männer; sie müssen doch mal ein Glas Wein trinken dürfen!« Und so gaben wir ihnen Wein, doch leider sorgte das nur für Streit und Zwietracht und wir waren oft ratlos. Dann wieder waren sie selbst es, die gern fortgehen und einen Spaziergang machen wollten.

Und wir dachten: »Im Grunde sind es Männer; sie sind erwachsen; sie wissen, was sie tun. Einer ist seit drei Monaten hier, der andere seit zwei, ein anderer seit einem Monat, wieder ein anderer seit sechs Monaten.« Wir gaben ihnen tausend Lire und sagten: »Geht einen Kaffee trinken und dann kommt ihr wieder.« Wir dachten, es sei richtig, ihnen den Kontakt mit der Gesellschaft zu ermöglichen, sie nicht völlig von der Welt fernzuhalten. Einmal ging es gut, ein zweites Mal auch ... doch dann kamen sie eines Abends völlig betrunken nach Hause. Sie wussten nicht mehr, was sie taten, und es gab eine heftige Auseinandersetzung. Danach wollten alle gehen. Einen Moment lang hatten wir Angst, doch dann sprach ich so energisch und deutlich, dass ich wusste: Diese Worte kamen nicht aus mir selbst. Sie sahen mich ganz erstaunt an, hörten zu und beruhigten sich. Vielleicht waren sie sogar ein wenig erschrocken und schließlich gingen sie still zu Bett. Wir ließen sie ihren Rausch ausschlafen und am Tag danach war die Sache erledigt. Doch sie haben zu mir gesagt: »Elvira, wir sind noch nicht in der Lage, mit der Freiheit gut umzugehen und den Versuchungen zu widerstehen. Und darum brauchen wir keine ›Erleichterungen‹. Das hier – das Leben in der Gemeinschaft – ist das, was wir wirklich brauchen!« Da verstand ich, dass sie von mir eine Liebe verlangten, die sie herausforderte. Ich sollte sie nicht bedauern und nicht glauben, dass ein bisschen Geld und eine Runde durch die Stadt das wären, was sie brauchten, damit es ihnen gut ginge. Das war nicht das, was sie wollten.

Die Anfangszeit war nicht leicht. Denn wir mussten alles erst lernen. Es gab auch dramatische Augenblicke, und manchmal haben wir den finsteren Abgrund in ihren Herzen gesehen, die Macht des Bösen, die sie quälte.

Wir haben sie gesehen!

Doch diese Erfahrungen haben uns im Gebet gefestigt und unsere Überzeugung von der Kraft der Liebe Gottes gestärkt. Genau das war es doch: Sie brauchten die Liebe Gottes und nicht nur unser Mitleid, unsere Regeln oder unseren Schutz. Sie brauchten Gott!

Also haben wir uns vor das Allerheiligste gekniet und noch inständiger gebetet. Am Anfang stand unser Glaube; wir waren überzeugt, dass die Lösung nur im Gebet, im Gespräch mit Gott, in der Rückkehr zum himmlischen Vater lag – genauso wie der verlorene Sohn, der sich umarmt und im Herzen geheilt weiß, weil ihm vergeben worden ist.

Alles, was wir mit ihnen erlebt haben, war unsere »Lebensschule«, die uns gelehrt hat, was das Böse im Herzen junger Menschen anrichten kann.

Ich scheue mich nicht zu sagen, dass die Jugendlichen selbst meine Lehrer, meine Experten, meine »Bücher« waren und sind.

Gemeinsam mit ihnen habe ich in diesen Jahren das Buch des Lebens durchgeblättert und zu lesen gelernt: ein Buch, das das Geheimnis des Kreuzes in sich trägt und viele Seiten aus Schmerz, Wut und Wunden enthält. Doch habe ich auch viele Seiten der Barmherzigkeit und Vergebung, Güte und Freude, Einfachheit und Auferstehung darin gefunden.

Die Jugendlichen haben mein Leben als Mensch, Christ und Ordensfrau reifen lassen. Sie haben mir alles beigebracht, und ich war die Erste, die von ihnen lernen, bei ihnen in die Schule gehen wollte.

Wer, wenn nicht sie selbst, hätte mir denn zeigen sollen, wie ich ihnen helfen konnte, sich von den belastenden Erfahrungen ihrer Lebensgeschichte zu befreien?

Von Anfang an haben mir die Jugendlichen beigebracht, wie wichtig es ist, auch für ihre Familien da zu sein, damit diese den Weg ihrer Kinder mitgehen konnten.

Was ich von ihnen verlangt habe und verlange, ist wirklich sehr viel: ihre eigene Bekehrung! Fast immer wäre es den Eltern lieber, Geld zu bezahlen, vor allem dann, wenn sie verzweifelt sind. Wenn solche Eltern mir ihren Sohn bringen und mit der Brieftasche in der Hand fragen: »Schwester, wie viel muss ich bezahlen, damit mein Sohn hierbleiben kann? Wie hoch sind die Kosten?«, dann sage ich ihnen immer, dass man das Leben der Kinder nicht mit Geld bezahlen kann.

Geld haben die Kinder schon genug gehabt, viel Geld, zu viel Geld, und sie sind daran zugrunde gegangen! Ich sage also zu den Vätern und Müttern: »Wir wollen kein Geld, sondern eure Mitarbeit, die sich auf euer Leben, eure Entscheidungen und euren Alltag auswirkt. Ihr müsst diesen Weg gemeinsam mit eurem Sohn gehen und euch mit ihm gemeinsam ändern. Der ›Preis‹ für das neue Leben eures Sohnes ist eure eigene Umkehr.« Ich sage den Eltern, dass sie gemeinsam beten sollen, und so kommt die Wahrheit Gottes in die Familie und wirft ein Licht auf das, was sie falsch gemacht haben, denn wenn ein Kind drogensüchtig ist, bedeutet das immer auch ein Stück weit ein Scheitern der Eltern. Und die Eltern fühlen sich schuldig deswegen und glauben, sie hätten alles falsch gemacht. Aber dieses Schuldgefühl, das häufig auf den Ehepartner abgewälzt wird, muss vor dem eigenen Gewissen zur Wahrheit werden – zur Wahrheit und dann zur Vergebung. Den Eltern sage ich: »Das Wichtigste, das Sie zur Rettung Ihres Sohnes beitragen können, ist, dass Sie umkehren, dass Sie beide an einem Strang ziehen, um ihn zu retten: Bekehrte Eltern, gerettete Kinder!«

Viele Eltern haben die Erfahrung gemacht, dass gerade das Kreuz des verlorenen Sohnes, dieses Kreuz, das sie nicht wie sonst irgendein Problem von einem anderen »lösen« lassen konnten, gerade dieses Kreuz, das ihr Leben in die Knie gezwungen hat, für sie zur Quelle der Umkehr geworden ist. Was wie ein großes Unglück für die ganze Familie ausgesehen hatte, hat Gott für alle zu einer Chance der Umkehr gemacht und zu einer Gelegenheit, die wahren Werte des Lebens wiederzuentdecken. Wahrhaftig: Unser Gott – Er allein – kann die Finsternis in Licht verwandeln und dort, wo scheinbar das Böse triumphiert, Gutes hervorbringen.

Die Jugendlichen begegnen ihren Eltern oft mit Hass und Wut, mit Ablehnung und Groll. Die tiefen Verletzungen, die ihre Seele in der Kindheit davongetragen hat, lasten auf ihnen. Diese nicht verheilten Verletzungen waren wie eine offene Tür, durch die das Böse eindringen konnte. Doch durch das Gebet und die Vergebung sehen sie nach und nach, dass auch ihre Eltern auf dem Weg zu einem neuen Leben sind, und so wird aus ihrem Hass Verständnis, aus den gegenseitigen Anschuldigungen wird Ehrlichkeit mit sich selbst und sie lernen, um Vergebung zu bitten und zu vergeben.

Nachdem sie ein Stück des Weges gegangen sind, sehen die jungen Menschen ein, dass sie ihren Eltern gegenüber zu heftig, zu anmaßend und zu anspruchsvoll gewesen sind. Und wenn sie ihnen nach einiger Zeit wieder begegnen, bitten sie sie um Vergebung.

Oft haben wir Tränen fließen sehen. Und wir haben gesehen, wie nach langer Zeit Eltern ihre Kinder und Kinder ihre Eltern umarmten.

Wir haben Versöhnung gesehen und viele Familien, die so zu einem neuen Leben auferstanden sind.

Ich wollte immer an die jungen Menschen glauben und ich glaube an sie. Es stimmt nicht, dass sie faul sind, dass sie feige sind, dass sie gleichgültig sind. Das ist einfach nicht wahr! Im Gegenteil: Sie sind fähig zu kämpfen, zu teilen und Opfer zu bringen.

Sie haben von Anfang an begriffen, dass wir uns nicht für die Drogen, sondern vielmehr für ihr Leben interessierten, welches sie gemeinsam mit uns auf dem Weg der Wahrheit wieder aufbauen wollten.

Und sie haben darauf geantwortet!

Wir haben auf Gott vertraut, weil der Glaube uns lehrte, keine Angst zu haben, sondern Hoffnung, Zuversicht und Geduld zu üben, und alles auf jenen Gott zu setzen, den ich im Herzen kannte.

Denn die Garantien, die Er mir gab, waren viel mehr als alle menschlichen Sicherheiten zusammen!

*Wir sind als Gemeinschaft dazu berufen,*
*unser Leben zu teilen und für andere da zu sein.*
*Nur wenn du glaubst, dass »für Gott nichts unmöglich ist«,*
*kannst du auch glauben, dass selbst der Mensch,*
*von dem sich niemand mehr etwas erhofft,*
*zu neuem Leben auferstehen*
*und wieder lächeln und das Leben lieben kann.*

(Aus der *Lebensregel* der Gemeinschaft Cenacolo)

# … VIER

# DIE TÜR DES HERZENS

*Unsere Spiritualität*

*Jesus betete einmal an einem Ort;*
*und als er das Gebet beendet hatte, sagte einer seiner Jünger zu ihm:*
*Herr, lehre uns beten,*
*wie schon Johannes seine Jünger beten gelehrt hat.*
*Da sagte er zu ihnen: Wenn ihr betet, so sprecht: Vater …*
(Lk 11,1–2)

Als wir die Türen des ersten Hauses öffneten, gab es dort noch keine Kapelle.

Morgens beteten wir den Rosenkranz und die Psalmen in einem kleinen Zimmer, während die jungen Männer aufstanden und zum Arbeiten auf die Felder gingen.

Anfangs hatten wir ihnen das Gebet noch nicht vorgeschlagen, weil wir dachten: »Wir nehmen die Menschen so an, wie sie sind.«

Der Mensch ist nach dem Abbild Gottes geschaffen, das heißt für uns als Gläubige: Der Mensch »ist« bereits Gebet.

Doch nach etwas mehr als einem Monat erlebten wir eine große Überraschung: Einer der Jungen, statt an die Arbeit zu gehen, stand er eines Morgens früher auf und kam zu uns in unsere kleine und einfache Kapelle. Er setzte sich neben mich.

Er fragte mich: »Was tut ihr hier?«

Ich antwortete: »Wir beten.«

Er sagte zu mir: »Darf ich auch mitbeten?«

Er blieb, wir beteten einen Psalm, und auch er las einen Vers. In den darauffolgenden Tagen kam ein zweiter Jugendlicher mit ihm, dann ein dritter und dann noch einer. Und nach einer Woche beteten alle gemeinsam mit uns.

Da begriff ich, dass die Jugendlichen nicht nur ein Dach wollten, etwas zu essen und ein Bett, sondern sie wollten Gott begegnen. Sie hungerten und dürsteten nach Ihm. Dass sie früher aufstanden, um mit uns zusammen in die Kapelle zu gehen, war für mich Ausdruck einer Bitte, eines Bedürfnisses: »Lehre uns beten! Wir wollen den Herrn kennenlernen, denn wir brauchen Ihn!«

Und so wurden das Gebet und der Glaube zum grundlegenden Bestandteil unseres Weges.

Natürlich sagen viele Jugendliche, die neu in die Gemeinschaft eintreten: »Ich glaube nicht an Jesus. Gott interessiert mich nicht. Ich will nicht beten!«

Dann antworte ich: »Mach dir keine Sorgen. Ob du an Gott glaubst oder nicht, ist nicht wichtig für uns. Er glaubt an dich, und wir glauben für dich mit. Du bist doch hergekommen, um nicht nur von den Drogen, sondern auch von deinen Ängsten und von der Last deiner Vergangenheit befreit zu werden. Vertraue nur und du wirst schon sehen. Mach dich auf den Weg. Wir glauben an dich.«

Manchmal kommt es vor, dass einer zu mir sagt: »Aber ich sehe und spüre den lebendigen Gott nicht, den Auferstandenen, von dem du sprichst.« Sie sagen das mit einem herausfordernden Unterton, aber vor allem mit einer Mischung aus Traurigkeit und Sehnsucht, so als ob sie sich bewusst wären, dass sie diesen lebendigen Gott sehen und spüren müssten, um zu einem neuen Leben zu gelangen. Dann antworte ich ihnen: »Hast du Ihm denn die Tür geöffnet? Hast du versucht, Ihm zu sagen: ›Herr, ich brauche Dich!‹?«

Die Tür des Herzens hat nur eine Klinke und zwar auf der Innenseite. Nur wir sind in der Lage, Ihm in Freiheit diese Tür zu öffnen, wenn Er anklopft, denn Er möchte eintreten, um uns glücklich zu machen und uns seine Freude in Fülle zu schenken. Bitte Ihn also um Hilfe, öffne Ihm die Tür deines Herzens, lass Ihn eintreten … und du wirst glücklich sein!

Wieder andere schütteln den Kopf. »Schwester, ich verstehe das alles nicht!«

Dann antworte ich ihnen: »Wir nehmen dich auf, ohne etwas von dir zu verlangen. Wir erwarten nichts von dir. Nur um eines bitten wir dich, dass du Vertrauen hast. Denn allein mit dem Verstand wirst du nicht begreifen können, warum du vor einem einfachen und kleinen Stück Brot niederknien sollst. Das erwarten wir auch nicht von dir. Aber wir laden dich ein, dass du, wenn du möchtest, dieselbe Erfahrung machen kannst wie wir. Dann wirst du spüren, was in deinem Inneren geschieht. Du wirst sehen, wie sich dein Herz verwandelt!«

Wenn ich sie nach einigen Monaten wieder treffe – ihre Augen sind viel lebendiger geworden und sie haben ein Lächeln auf den Lippen –, dann frage ich: »Fühlst du dich noch immer wie am Tag deiner Ankunft?«

Und sie antworten mir: »Nein, ich habe mich verändert!«

Und ich sehe ein neues Licht in ihren Augen.

Es gab im Laufe der Jahre manche, die mich auslachten und gesagt haben: »Willst du etwa mit dem »Ave Maria« die verzweifelten Jugendlichen retten? Es hat doch gar keinen Sinn, sie zum Gebet hinzuführen. Das kann man doch nicht machen!« Ich habe angehört, was diese Leute zu mir sagten, ohne mich darüber aufzuregen oder sie zu verurteilen. Ich habe gelächelt und weitergemacht mit dem, was ich im Herzen als Wahrheit erkannt habe. Wenn sie dann zu mir sagten: »Zuerst kommt der Mensch und seine Freiheit und erst danach kommt Gott«, dann hörte ich ihnen zu und dachte bei mir: »Aber was ist das für ein Mensch – ohne Gott? Im Grunde haben sie mich ja selbst darum gebeten, Gott begegnen und ihn kennenlernen zu dürfen.«

Das Gebet gehört zu unserem Gemeinschaftsleben, weil ich mir wünsche, dass sie den Glauben nicht als etwas Theoretisches erfahren, sondern als eine Begegnung, die sie selbst und ihr Leben verändert, sodass sie mit sich selbst und mit den anderen im Frieden sind.

Dabei ist jeder frei, selbst zu entscheiden, ob er das möchte.

Mir ist sehr wohl bewusst, dass sich nicht alle sofort oder in vollem Umfang für das christliche Leben entscheiden, aber wenn ihnen niemand diesen Weg vorschlägt, niemand diesen Weg mit ihnen geht, wie sollen sie ihn dann jemals kennenlernen?

Ich bekomme immer wieder Briefe von Menschen, die schon vor Jahren aus der Gemeinschaft ausgetreten sind und die mir gestehen, dass sie den Glauben eine Zeit lang verloren, ihn fast vergessen hatten. Es gab noch den einen oder anderen Umweg, aber dann haben sie Gott wiedergefunden, haben wieder die Sehnsucht gespürt nach dem Guten, das sie bei uns erlebt hatten, und das Bedürfnis gehabt, zu beten und zu glauben. Ich bin mir ganz sicher: Wenn du der Güte des Herrn einmal begegnet bist, wenn jemand dich im Namen des Herrn geliebt und dir so Gottes wahres Antlitz gezeigt hat, dann bleibt diese Erfahrung unauslöschlich in deinem Herzen eingeprägt. Dann kehrst du im Laufe deines Lebens früher oder später zu Ihm zurück, weil du den Frieden und die Freude, die du in Gottes Gegenwart erfahren hast, an keinem anderen Ort findest.

Jedenfalls bin ich davon überzeugt, dass es ein Dienst am Menschen ist, wenn wir jemandem die Schönheit der

Begegnung mit der Barmherzigkeit des Herrn zeigen und ihm diese Begegnung ermöglichen. Es ist ein Zeichen echter Zuwendung und Redlichkeit. In der Gemeinschaft erfahren die Jugendlichen das Gebet auf eine sehr einfache und konkrete Weise. Oft sagen sie dann zu mir: »Wenn ich bete, geht es mir besser.« Und das ist wirklich so! Wenn du betest, merkst du es vielleicht nicht, aber du veränderst dich zum Guten. Ein Jugendlicher, der wütend ist, wird nach und nach ruhiger. Ich spreche von einem Jugendlichen, aber ich könnte genauso gut von mir sprechen. Je mehr ich bete, desto geduldiger und mitfühlender werde ich und desto größer wird die Barmherzigkeit Gottes in mir. Ich kann sagen: Wer gut betet, lebt gut!

Das Gebet ist die Nahrung, die dein Leben verändert und auf die tiefen Sehnsüchte antwortet, die du schon lange in dir trägst.

Ich betrachte das Wunder des Gebets seit vielen Jahren: Es geschieht heute, ganz konkret und wahrhaftig.

Maria und die Eucharistie sind unsere beiden Schätze.

Von Anfang an war der Tagesablauf der Gemeinschaft durch das Rosenkranzgebet strukturiert. Mithilfe dieser »heiligen Perlenschnur« sind viele Jugendliche, die in der Gemeinschaft Cenacolo gelebt haben, zu neuem Leben auferstanden. Viele verzweifelte Familien haben in der Schule dieses einfachen, aber kraftvollen Gebets Frieden, Freude und Vergebung gefunden.

Warum beten wir den Rosenkranz in der Gemeinschaft – einen am frühen Morgen, einen am Nachmittag und einen am Abend? Weil dieses Gebet den Morgen, den Nachmittag und den Abend unseres Lebens – unsere gesamte Existenz – prägen soll.

Der Anbruch eines jeden Tages ist der Beginn unserer Geschichte. Darum richten wir unseren Blick auf die Geburt Jesu. Wir begegnen Ihm im »Ja« Marias. So soll auch unser Leben neu geboren werden und durch unser »Ja« zu seinem Liebesplan täglich neu beginnen.

Dann folgt der frühe Nachmittag, die Jugendzeit, oft das schwierigste Alter und eine Suche nach dem Sinn des Lebens. Wenn du zwölf, dreizehn oder vierzehn Jahre alt bist, beginnst du, die Fehler deiner Eltern zu sehen. Die Schule wird dir zu eng und die Unterschiede zwischen Arm und Reich belasten dich. Du weißt nicht, wofür du dich entscheiden sollst. Du leidest unter einem unglaublichen Kampf deiner Gefühle und manchmal liegst du im Streit mit dir selbst und mit deiner Umgebung. Dies ist eine Zeit, auf die wir Erzieher uns sehr gut vorbereiten müssen, um wahre und überzeugende Antworten auf die tiefgreifenden Fragen zu geben, die sich hinter den Protesten der Jugendlichen verbergen.

Aus diesem Grund beten wir am frühen Nachmittag den schmerzhaften Rosenkranz, damit das Leiden Jesu die Wunden, die schlechten Erinnerungen und die zornigen und harten Urteile heilt, die uns in der Jugendzeit dazu gebracht haben, aufzubegehren und den Weg des Bösen einzuschlagen.

Dann kommt die Abendzeit. Die glorreichen Geheimnisse zu beten heißt, die Jahre des Alters, der Müdigkeit, der Krankheit – den »Abend des Lebens« – vorwegzunehmen. Indem du die Auferstehung Christi betrachtest, bereitest du dein Herz auf die endgültige Begegnung mit Ihm vor. Du entdeckst, dass der Schmerz des Todes ein neues Leben gebiert und dass die wahre Wirklichkeit, die dich erwartet, der Himmel ist. Mit dem Rosenkranz in der Hand wirst du nie den Mut verlieren, sondern innerlich erfüllt sein. Du wirst einen klaren Geist haben und im Herzen eine außergewöhnliche Freiheit besitzen.

So soll der ganze »Tag unseres Lebens« vom Rosenkranz umrahmt sein. Im Rosenkranzgebet legen wir unsere Geschichte durch das Herz Marias in das Leben Christi hinein und lassen zu, dass sein Leben unseren Alltag prägt.

Das Rosenkranzgebet ist das Gebet der Geringsten, der Armen und Einfachen. Deshalb ist er das Gebet Marias. Und Maria, weil sie so einfach, klein und demütig ist, hat ein Herz, das so groß ist wie das Herz der ganzen Menschheit. Wenn wir zur Gottesmutter beten, wenden wir uns an dieses mütterliche, menschliche Herz, das unaufhörlich für die ganze Welt schlägt.

Wenn wir gläubig die Worte Elisabeths wiederholen: »Du bist gebenedeit unter den Frauen, und gebenedeit ist die Frucht deines Leibes, Jesus«, dann »sehen« wir Maria, wie sie das Kind unter dem Herzen trägt, und wir empfangen aus ihren Armen die »gebenedeite Frucht«, die sie uns heute schenkt, um uns von unseren Ängsten und von allem zu befreien, was uns zu schaffen macht. Diese Frucht ist es, die uns nährt und rettet.

Der zweite Schatz unseres Gebets und eine wirkliche »Seelenspeise« ist die Eucharistie. Sie stillt den Hunger unserer Seele sehr viel mehr, als eine andere Nahrung das je tun könnte. Jesus hat uns den kostbarsten Schatz der Welt hinterlassen, das wirksamste Mittel, um die Wunden unserer Herzen zu heilen. Er gab uns das strahlendste Licht, um uns aus der Finsternis des Bösen zu befreien.

Ich habe den Jugendlichen deswegen die Eucharistie empfohlen, weil ich selbst die starke Erfahrung gemacht habe, dass die lebendige und bleibende Gegenwart Jesu mich verwandelt. Ich kann sagen, dass ich ein lebendiger Beweis bin für das, was Gott heute durch die Eucharistie bewirkt. Deswegen nenne ich unsere Gemeinschaft gern auch »ein eucharistisches Wunder«.

Den Ruf, mein Leben ganz den Jugendlichen zu widmen, habe ich vor allem vor dem Allerheiligsten gespürt, nachdem ich bereits viele Jahre im Kloster als Ordensschwester gelebt hatte. Auf den Knien, in der Anbetung, habe ich zum ersten Mal den tiefen Schmerz der vielen jungen Menschen auf den Straßen gespürt und den Schrei ihrer Einsamkeit gehört, der mir tief ins Herz drang. Die Eucharistie führt dich mitten hinein in das, was in dir und um dich herum geschieht. Und so habe ich mein »Ja« erneuert und mich von dieser »Strömung« des Glaubens tragen lassen, die mich zu einem Neubeginn einlud. Ich fühlte, dass Jesus mich zu diesen Jugendlichen schickte, die ausgelaugt und leer auf unseren Plätzen dahinvegetierten, die Traurigkeit der Drogen im Herzen, die hungerten und dürsteten nach dem Sinn des Lebens, den sie noch nicht gefunden hatten.

Welches therapeutische Modell, welche Medizin konnte ich ihnen bieten? Keine Tablette schenkt Lebensfreude und Frieden im Herzen! Wegen der Liebe und Achtung, die ich ihnen gegenüber empfand, wollte ich sie auf keinen Fall täuschen, und darum habe ich ihnen das vorgeschlagen, was mich selbst immer wieder aufgerichtet und mir neue Zuversicht und Hoffnung geschenkt hat: die Kraft der Barmherzigkeit Gottes und die eucharistische Anbetung.

Ich habe ihnen den Weg gezeigt, der auch mich gerettet hat, der meinem Herzen schon so oft Würde, Stärke, Mut, Beständigkeit, Frieden, Freude und Begeisterung zurückgegeben hat. Indem wir das Knie vertrauensvoll vor Jesus in der Eucharistie beugen, kann Er unser Leben wieder emporheben und uns die Kraft geben, weiterzugehen.

Dort, vor dem Herrn, geschieht in aller Stille die »tägliche Auferstehung« im Herzen unserer Jugendlichen.

Wenn sie anbetend in der stillen Gegenwart Jesu verharren, erwacht ihr Gewissen. Sie sehen wieder klar und erkennen, was gut und was böse ist. So führt sie die Anbetung zur Erfahrung der Barmherzigkeit Gottes im Sakrament der Versöhnung. Und sie empfangen den Leib Christi, der sie nährt und ihnen Kraft für den Weg gibt. Die Wahrheit Christi wird in uns zur wahren und vollen Freiheit, jener Freiheit, nach der unsere Jugendlichen lange auf den verschiedenen »Straßen der Welt« gesucht haben.

Es ist beeindruckend, wie eng die Entwicklung unserer Gemeinschaft mit der Eucharistie verbunden ist. Sie hat nicht nur eine persönliche, sondern auch eine gemeinschaftliche Dynamik hervorgebracht. Zunächst begannen einige der Jugendlichen, ganz spontan und mitten in der Nacht aufzustehen und vor der Eucharistie Anbetung zu halten. Dann beschlossen sie, in der Nacht von Samstag auf Sonntag – die für sie die Nacht der tiefen Finsternis gewesen war – in all unseren Häusern von zwei bis drei Uhr für die vielen zu beten, die auf der Suche nach der Freude noch immer den Illusionen dieser Welt erliegen.

Eine andere Idee, die wir hatten – manche haben gesagt: »Elvira ist verrückt geworden!« –, ist der sogenannte »erste Samstag im Monat«. Seit Jahren öffnen wir an jedem ersten Samstag im Monat unsere Türen für alle jungen Leute, die einen Abend lang wahre Freude erleben wollen: eine

»alternative Diskothek«, die geprägt ist von Hoffnung und Freude, Liebe und Freundschaft. Es ist eine intensive »Zeit des Glaubens«, die wir mit den Jugendlichen verbringen. Sie beginnt um neun Uhr abends und endet gegen halb zwei in der Nacht. Um zwei Uhr schicken wir sie alle nach Hause!

Was geschieht dort? Dort finden wir all das, was unsere Gemeinschaft ausmacht: viele Jugendliche, Musik, Tänze, Lebenszeugnisse, Freude, große Freiheit und ganz viel Liebe. Doch dann, zur Überraschung aller, kommt unser besonderer Gast, unser wichtigster Freund! Während ein ruhiges Lied gespielt wird, betritt einer unserer Priester mit der Monstranz den Raum. Jetzt ist Er da, mitten unter uns: Jesus – lebendig in der Eucharistie. Der Priester stellt die Monstranz auf den Altar und alle bringen in spontanen Gebeten ihren Dank, ihr Lob und ihre Bitten vor den Herrn. In Momenten tiefer Stille spürt man ihr Bedürfnis, sich von Ihm im Innersten berühren zu lassen. Wir wollen den Jugendlichen sagen: »Bestimmte Erfahrungen eurer Vergangenheit könnt ihr nicht ohne Jesus bewältigen. Darum lasst euch von Ihm anschauen!« Wir ermöglichen ihnen diese besonderen Momente der stillen Innenschau, der inneren Wahrheit, in denen sie aber nicht allein sind: Jesus ist bei ihnen. Sie sind in seiner Gegenwart. Und in ihrem Inneren tragen sie die Hoffnung, die sie heute wiedergefunden, die Freude, die sie erfahren haben, und den Glauben, den sie nach und nach wiederentdecken. An den Abenden stehen immer auch mehrere Priester zur Verfügung, um das Sakrament der Versöhnung zu spenden und die tiefe Sehnsucht zu stillen, sich von der Barmherzigkeit Gottes angenommen und gehalten zu fühlen. Um Punkt zwölf, mitten in der Nacht, feiern wir dann in freudestrahlender Gemeinschaft die sonntägliche Eucharistie.

Viele Jugendliche kommen an diesen Gebetsabenden zu uns. Einige sind einfach neugierig, manche haben Ohrringe und lange Haare, andere kommen regelmäßig. Wir haben beschlossen, das Risiko einzugehen! Wir haben uns gesagt: »Wenn nur ein Einziger erfährt, dass man am Samstagabend tanzen, singen und Freude haben kann und dann froh nach Hause geht, weil man den unermesslichen Frieden Gottes im Herzen trägt, dann war unsere Mission erfolgreich.«

Ein weiterer Meilenstein auf unserem gemeinschaftlichen Weg war der Moment, als die Jugendlichen beschlossen, mit der »ewigen Anbetung« zu beginnen. Das haben sie mir vor vielen Jahren zum Geburtstag geschenkt. Die Niederlassungen der Gemeinschaft, die es damals gab, nahmen sich vor, in ihren jeweiligen Kapellen abwechselnd je eine Stunde am Tag Anbetung zu halten, sodass den ganzen Tag über in einem Haus der Gemeinschaft jemand vor dem ausgesetzten Allerheiligsten betete. Das brachte eine neue Dynamik in die Geschichte der Gemeinschaft. Auf einmal kamen Jugendliche von überallher und die Zahl unserer Häuser vervielfachte sich. In Lateinamerika wurden die ersten Missionshäuser für Straßenkinder eröffnet und es entstanden die verschiedenen Berufungen der »missionarischen Familien« und der Brüder und Schwestern, die in diesem Werk ein gottgeweihtes Leben führen wollten.

Die Eucharistie ist Frieden und Versöhnung, Begegnung, Staunen, Kraft und manchmal auch Wagnis … Sie gibt dir alles, was du brauchst, um deinen Tag zu bestehen, denn sie ist die Schule Jesu, in der du vieles lernst, in der du vor allem lernst zu lieben. In all diesen Jahren waren die jungen Menschen für mich als Ordensfrau der lebendige Beweis dafür, dass die Eucharistie wahrhaftig die lebendige Gegenwart des

Auferstandenen ist, dass dort nicht nur der Tod und die Auferstehung Jesu gegenwärtig werden, sondern dass auch unser totes Leben in sein Leben hineingenommen wird und mit Ihm aufersteht. Ich kann es wirklich bezeugen: Wenn jemand in Christus ist, dann ist er eine neue Schöpfung!

Dennoch habe ich den Jugendlichen beigebracht, nicht nur mit den Lippen, sondern auch durch ihr Tun zu beten. Das Gebet »spricht« man nicht nur oder »hält« es in der Kapelle. Das wirkliche Gebet lebt man auch außerhalb der Kapelle, ganz konkret bei der Arbeit. »Gebet und Arbeit«, *ora et labora*, sind die Pfeiler unseres Gemeinschaftslebens.

Viele unserer Jugendlichen haben gearbeitet, bevor sie in die Gemeinschaft eingetreten sind, manche haben sogar viel Geld verdient, andere sind viel herumgereist, doch all das hat nicht ausgereicht, um ihr Herz zu sättigen.

Es gab auch solche, die nie irgendeiner Arbeit nachgegangen sind, sondern das »Leben der Straße« bevorzugt haben: Ihre »Arbeit« hatte darin bestanden, zu stehlen, zu dealen, zu betrügen, sich durchzuschlagen und in den Tag hineinzuleben.

Die Arbeit, die einen großen Teil des gemeinschaftlichen Tagesablaufs ausmacht, ist grundlegend für den »inneren Wiederaufbau«. Der erste und wichtigste Beruf, den die Jugendlichen lernen müssen, ist das Leben selbst.

Indem sie arbeiten, bauen sie ihren Willen wieder auf und lernen, Verantwortung zu übernehmen. Sie gewinnen Selbstvertrauen und sehen, dass sie zu Opfer, Engagement und Ausdauer imstande sind. Sie entdecken, dass sie nicht in erster Linie durch das, *was* sie tun, bereichert werden, sondern dadurch, *wie* sie es tun.

Sie sehen, dass eine mit Liebe gekochte Mahlzeit nicht nur besser schmeckt, sondern auch das Herz erfreut, und sie sehen auch, dass eine gut ausgeführte Arbeit den begeistert, der sie getan hat, und den zum Nachdenken anregt, der das Ergebnis sieht. So kann sogar ein sauber geputztes Zimmer Heiterkeit und Frieden schenken.

Die Arbeit in der Gemeinschaft ist kein Selbstzweck, sie soll weder Stolz noch Ehrgeiz nähren noch soll sie Geld einbringen. Sie ist kein »falscher Rettungsanker« und dient auch nicht dazu, vor den Problemen wegzulaufen. Sie ist vielmehr ein gutes Mittel, um neu geboren zu werden und mit den anderen in Beziehung zu treten, um in der Demut zu wachsen, um die eigenen Begabungen zu entdecken und fruchtbar zu machen. Die Arbeit zeigt uns, wie viel Freude es macht, durch Anstrengung und Opfer etwas Schönes aufzubauen.

Außerdem ist die Arbeit der konkrete Maßstab für die Wahrhaftigkeit des Gebets, das sich im Dienst an den anderen bewährt: Wer gut betet, arbeitet gut, und wer gut arbeitet, betet gut!

Und noch viel schöner ist es, gemeinsam mit anderen zu arbeiten, denn eine geteilte Müdigkeit eint, ein gemeinsames Opfer stiftet Freundschaft und Glück.

Austausch, Freundschaft, Wahrheit und Unentgeltlichkeit – das sind die Pfeiler der Gemeinschaft Cenacolo.

Wenn jemand neu in die Gemeinschaft kommt, wird er einem »Schutzengel« anvertraut, einem anderen Jugendlichen, der selbst auf dem Weg zu einem neuen Leben ist, aber die ersten großen Schwierigkeiten bereits überwunden hat. Der Schutzengel ist bereit, sich um den Neuen zu kümmern, denn dieser ist meistens völlig am Ende.

Der Schutzengel, der den Neuankömmling wie ein wohltuender Schatten begleitet, wird so zu seinem ersten Freund, der ihm alles erklärt und ihm bei den ersten schwierigen Schritten des Weges hilft. Er beschützt ihn gewissermaßen und spricht mit ihm, um ihm zu helfen, schwere Momente und Phasen durchzustehen. Er nimmt ihn mit Frieden und Geduld an, auch wenn es dem Neuen zunächst vielleicht schwerfällt, sich in das gemeinschaftliche Leben einzufügen.

Er ist wie ein großer Bruder, der zu jeder Tages- und Nachtzeit bereit ist, helfend die Hand auszustrecken und der so zu einem konkreten Zeichen der Liebe wird, die die Gemeinschaft jedem Jugendlichen schenkt, der zu ihr kommt.

Manchmal kann der Schutzengel sogar lästig werden und dir das Gefühl geben, dass du nicht wirklich frei seist. Doch dann merkst du bald, dass er dir hilft, wirklich frei zu sein, denn wenn du in die Gemeinschaft eintrittst, ist deine Freiheit noch schwach und den Versuchungen und Täuschungen des Bösen nicht gewachsen.

Das »Beschützt-Werden« und das »Beschützen« sind nichts anderes als die beiden grundlegenden Wahrheiten, die unser Leben aufrechterhalten: das Bedürfnis, geliebt zu werden und zu lieben.

Wer in die Gemeinschaft eintritt, braucht Liebe, Nähe, Schutz. Dadurch lernt er, auch selbst zu lieben, sich um die Schwächeren zu kümmern, sie zu beschützen und für sie da zu sein.

Vom »Beschützten« zum »Beschützer«, von dem, der geliebt wird, zu einem, der sich entschließt, selbst zu lieben … Das ist der christliche Weg, den wir gemeinsam gehen, damit wir mehr und mehr zu einem neuen Leben geboren werden.

Auf diese Weise entdecken die Jugendlichen, dass die wahre Heilung nicht darin besteht, keine Drogen mehr zu nehmen und nicht mehr kriminell zu sein, sondern vielmehr darin, zu lieben, anderen zu helfen und treu im Guten zu sein.

Gott hat mir in diesen Jahren die Geduld geschenkt, mich nach dem zu richten, was er mir Tag für Tag gezeigt hat. So ist mein Horizont nach und nach immer weiter geworden und mit ausgebreiteten Armen – Armen, die die ganze Welt umarmen möchten – habe ich unzählige junge Menschen aufgenommen, die sich danach sehnten, geliebt zu werden.

Inzwischen sind diese Arme nicht mehr nur meine Arme. Es sind die Arme der vielen Jugendlichen, die sich entschlossen haben, Gott zu vertrauen, und die Liebe, die ihnen selbst geschenkt worden ist, an alle weiterzuschenken, die ihrer bedürfen.

*Wir sind dazu berufen, kontempl**aktiv** zu sein, mit »**k**«:*
*Wir sollen Marias Herz und Martas Hände haben,*
*wir sollen »Schwielen« an Knien und Händen haben.*

(Aus der *Lebensregel* der Gemeinschaft Cenacolo)

# … FÜNF

# DIE SCHÖNE DAME

*Die Vorsehung und die Entwicklungen*

*Macht euch also keine Sorgen und fragt nicht: Was sollen wir essen?*
*Was sollen wir trinken? Was sollen wir anziehen?*
*Denn um all das geht es den Heiden.*
*Euer himmlischer Vater weiß, dass ihr das alles braucht.*
*Euch aber muss es zuerst um sein Reich und um seine Gerechtigkeit gehen;*
*dann wird euch alles andere dazugegeben.*
*Sorgt euch also nicht um morgen;*
*denn der morgige Tag wird für sich selbst sorgen.*
*Jeder Tag hat genug eigene Plage.*
(Mt 6,31–34)

Wir dachten, dass wir nur ein Haus eröffnen und, sobald einer der Jungen wieder ginge, einfach einen neuen aufnehmen würden. Doch schon bald war das Haus überfüllt, die Matratzen lagen sogar auf dem Fußboden.

Aber es kamen immer mehr Jugendliche. Ich konnte sie nicht wegschicken, denn sie wollten ein neues Leben, nicht etwas zu essen oder zu trinken. Sie baten darum, leben zu dürfen.

Sie wollten gerettet werden!

Wir überlegten gemeinsam und beschlossen, ein weiteres Haus zu eröffnen.

Aus heutiger Sicht ist das wirklich zum Lachen, denn wir haben in den Gelben Seiten nach Häusern gesucht, die zum Verkauf standen … Daran sieht man, wie wenig Erfahrung wir hatten!

Schließlich fanden wir ein Haus auf dem Land, in der Nähe von Savigliano, zwölf Kilometer von Saluzzo entfernt.

Dieses Haus war dreißig Millionen Lire wert – das hat man uns später gesagt –, aber weil wir so gutgläubig waren, nannten sie uns einen deutlich höheren Preis. Jedenfalls kam das Geld zusammen und wir haben bezahlt! Ich war schon immer der Meinung, dass das Geld dem Leben dienen muss, weil das Leben viel mehr wert ist als alles andere. Und ich glaube, dass der Herr uns schon damals gesegnet hat, weil er sah, dass wir nicht am Geld hingen, sondern das Leben der jungen Menschen über alles liebten, sogar mehr als uns selbst.

Wir wollten von Anfang an nie Geld vom Staat annehmen oder erbitten. Wir haben die öffentlichen Einrichtungen immer respektiert und mit ihnen zusammengearbeitet, aber ich war davon überzeugt, dass ein Drogensüchtiger nicht im physischen Sinne krank ist (auch wenn er es infolge des Drogenkonsums natürlich werden kann). Seine Krankheit besteht vor allem darin, dass seine Hoffnung und seine Liebe krank sind, dass er nicht mit sich selbst im Reinen ist, weil seine Seele krank ist. Er ist ein Mensch, der vom Weg abgekommen ist und nun jemanden braucht, der ihm hilft, den Weg wiederzufinden und sein Leben wieder aufzubauen, indem er selbst die Ärmel aufkrempelt und anfängt, sich in Würde sein Leben zu »verdienen«.

Ich fragte mich jedoch, ob es richtig wäre, von den Eltern einen kleinen Monatsbeitrag zu verlangen. Aber wie konnten wir Geld verlangen von Familien, die ohnehin schon verzweifelt und ausgeblutet waren? Also sagte ich mir: »Nein, das werden wir nicht tun!« Und ich gab diese Herausforderung an den Herrn weiter: »Du bist der Vater und ich bin dir begegnet in deiner großartigen Väterlichkeit. Ich bin bereit, immer und überall Deinen Willen zu tun, sobald Du ihn mir offenbarst. Du aber zeige diesen Deinen Kindern, welch ein guter Vater Du bist!« Und so geschah es. Er hat uns nie enttäuscht und war immer an unserer Seite.

Seine Vorsehung hat nie auf sich warten lassen. Durch die kleinen und großen Gesten der Liebe vieler guter Menschen, die an das Leben und an unser Vorhaben glaubten, hat sie immer dafür gesorgt, dass wir bekamen, was wir brauchten.

Am Anfang der Gemeinschaft in dem kleinen grauen Speisesaal in Saluzzo habe ich den Jugendlichen oft von der Vorsehung erzählt. Dabei hatte ich immer dasselbe Bild vor Augen: »Die Vorsehung ist eine große schöne Dame mit breiten Schultern und einem heiteren, strahlenden Blick, die früh am Morgen aufsteht, noch früher als wir. Sie ist glücklich, für uns da zu sein, indem sie bis zum Abend für uns arbeitet. Dann wartet sie wie eine gute Mutter, bis auch das letzte ihrer Kinder in ihren Armen eingeschlafen ist. Erst dann gönnt sie auch sich selbst ein wenig Ruhe.« Und ich erinnere mich, dass die Jungen, wenn sie mich von dieser wunderschönen Frau erzählen hörten, ihre Augen weit öffneten, als hätten sie den Wunsch, sie zu sehen.

Doch dann verstanden sie, wer sie war: Diese schöne Dame ist die »Mütterlichkeit« Gottes, die strahlende und bezaubernde Schönheit von Gottes mütterlichem Antlitz, die sich zärtlich zu uns herabbeugt und sich um ihre Kinder kümmert.

Und in all diesen Jahren, das kann ich voller Freude bezeugen, hat diese schöne Dame, die Vorsehung, uns kein einziges Mal enttäuscht.

Die Vorsehung ist aber auch Vorläufigkeit, Beschränkung auf das Wesentliche und findet sich auch in der Armut.

Wir haben nie verlangt, dass es Marmelade zum Frühstück geben muss! Wir waren dankbar, wenn wir ein wenig Milch hatten. Und wenn es keine Milch gab, machten wir uns eben einen Schwarztee. Und wenn nicht einmal Schwarztee da war, dann tranken wir eben einen »guten Kräutertee«.

Die Jugendlichen haben sich nie beklagt. Sie haben gegessen, was da war, genau wie wir. Sie haben nie irgendwelche Ansprüche gestellt, weil es ihnen – das haben sie uns gelehrt durch ihr friedfertiges und gelassenes Verhalten – darum ging, das Leben zurückzubekommen, dem Leben einen Sinn zu geben, an das Leben zu glauben.

Und auch dafür muss ich der göttlichen Vorsehung danken, denn sie hat uns außergewöhnliche Erfahrungen ermöglicht. Denn gerade durch die Vorsehung haben die Jugendlichen die Väterlichkeit Gottes viele Male mit Händen greifen können und so einen Gott kennengelernt, der auf seine Kinder achtgibt und für sie sorgt und auf den sie sich verlassen können.

Und so wurden die Jugendlichen täglich mehr und wir eröffneten immer mehr Häuser, zuerst hier in Italien, dann auch im Ausland. In einem Jahr – ich erinnere mich nicht mehr, in welchem – haben wir sechs neue Häuser eröffnet!

Es war eine Freude, aber auch eine Verantwortung. Als immer mehr Jungen kamen, verstanden wir, wie wichtig es war, glaubwürdig zu sein. Unser Reden und Tun mussten miteinander im Einklang stehen, weil sie uns nicht so sehr mit den Ohren zuhörten, sondern uns vor allem mit den Augen folgten und bei allem beobachteten, was wir taten. Es waren die Jugendlichen, die uns gelehrt haben, was konkrete Liebe und konkreter Dienst bedeuten. Die »Armen« nehmen uns in die

Pflicht, ein glaubwürdiges Leben zu führen, den Glauben zu leben und unseren Worten Taten folgen zu lassen.

Das Christentum, die Botschaft des Evangeliums, diese großartige gute Nachricht, die noch immer um die Welt geht, ist für mich vor allem etwas, das ganz konkret gelebt und das »Fleisch werden« muss.

Es ist kein Glaube, von dem die anderen sagen: »Ich sehe deinen Glauben nicht.«

Nein! Nein! Es ist ein konkreter Glaube, ein wahres Leben, es ist eine Dynamik, die zuerst in deinem Inneren entsteht und dich von innen her verwandelt, noch bevor sie nach außen hin sichtbar wird. Gemeinsam begegnen wir Jesus von Nazareth an jedem Morgen, wenn wir zusammen in der Bibel lesen, wenn wir danach streben, die Liebe weiterzugeben und einander Freund zu sein, wenn wir einander vergeben und uns umarmen und wenn einer dem anderen hilft. Unser Leben ist wunderschön, denn den Glauben zu leben, macht unser Leben einfach schöner!

Und dieser Glaube überrascht uns immer wieder und lässt uns staunen. Gleichzeitig spornt er uns an, das, was wir sagen und anderen empfehlen, auch selbst zu leben.

Eine andere wunderschöne Dame, die uns immer besonders geliebt hat, ist Maria.

Das hat sie uns in diesen Jahren ständig bewiesen. Sie ist wirklich eine treue Mutter. Sie hat uns an Orte geführt, die durch ihre Anwesenheit gesegnet sind, Orte an denen unsere Jugendlichen das Geschenk des Gebets auf intensivere Weise entdecken und ihre Wunden unter dem zärtlichen Blick Marias geheilt werden. Ihre stille, aber lebendige

Gegenwart in unseren Häusern bringt jeden Tag etwas Neues hervor.

Mit ihr wächst an jedem Tag unseres Lebens eine schönere und leuchtendere Blüte.

Einer der bedeutsamsten marianischen Augenblicke war jenes schöne Erlebnis im Sommer 1986.

Einige Freunde fuhren nach Medjugorje und wollten mich mitnehmen. Ich wusste nicht einmal, dass es Medjugorje gab, und schon gar nicht, was dort war. Sie sagten zu mir: »Elvira, das ist ein kleines Dorf in Bosnien-Herzegowina – ein Name, den ich noch nicht einmal aussprechen konnte – und es heißt, dass dort die Muttergottes erscheint.« Ich zögerte, denn ich war keine Frau, die viel von Ekstasen hielt, sondern vielmehr den konkreten Dienst am Nächsten bevorzugte und mit beiden Beinen auf der Erde stand. Doch weil die Freunde mich so drängten, fuhr ich mit ihnen. Aber als ich dort war, nahm ich den einfachen, echten und tiefen Glauben der Menschen wahr.

Immer, wenn ich etwas Schönes erlebte, hatte ich den Wunsch, meine Jugendlichen daran teilhaben zu lassen. Ich stellte mir vor, wie schön es wäre, ihnen dieses Glaubenserlebnis zu ermöglichen, weil es sie bereichern könnte.

Ich hatte ein kleines Dorf gesehen, in dem man alle ohne Gegenleistung willkommen hieß und in dem große Armut herrschte, und ich dachte begeistert: »Das ist genau wie bei uns!«

Ich wollte den Jugendlichen zeigen, dass nicht nur unsere Gemeinschaft andere unentgeltlich aufnahm, weil sie aus einem Orden entstanden war, sondern dass es auch in der Welt gute und mutige Menschen gab, die ihre Nächsten liebten.

Freunde, die von meinem Wunsch wussten, bezahlten uns den Bus.

Ich sagte zu den Jungen: »Wir machen eine Wallfahrt!« – »Ja, los geht's!« Und wir brachen auf.

So kamen wir wieder in dieses Dörfchen, in dem es damals nur ein paar Hühner, viele Ziegen, Tabakfelder und vor allem einfache und fröhliche Menschen gab. Die Familien nahmen uns bei sich zu Hause auf, ohne irgendetwas dafür zu verlangen.

Beim ersten Mal blieben wir acht Tage, aber schon bald zog es uns wieder dorthin. Beim zweiten Mal wohnten wir nicht bei den Leuten zu Hause. Die Jugendlichen sollten zusammenbleiben und deshalb hatten wir Zelte mitgebracht. Trotz großer Entbehrungen und Schwierigkeiten sind wir vierzig Tage dort geblieben. Damals war das Land noch kommunistisch regiert und oft kam die Polizei und sagte zu uns:

»Wer seid ihr? Wir wollen euch hier nicht haben! Verschwindet!«

Ich sah sie an und antwortete: »Ja, ja. Ich verstehe nicht, ich bin Italienerin.« Und wir rührten uns nicht vom Fleck.

Dann, nach und nach begannen wir, einander zu verstehen, und sie fragten mich:

»Was sind das für Jugendliche?«

»Es sind junge Menschen, die nach dem wahren Leben suchen, und wir sind hergekommen, weil auch die Muttergottes kommt!«

Sie widersprachen: »Hier kommt keine Muttergottes!« Manchmal nahmen sie mich auch mit auf die Polizeiwache. Sie hielten mich stundenlang fest und ich musste auf ihre Fragen antworten. Sie kontrollierten sämtliche Papiere und ließen mich dann wieder gehen. Manchmal lief ich kilometerweit in der Sommerhitze zu Fuß, bis ich wieder an unserem Zeltplatz ankam. Und wenn ich dann dort war, liefen mir die Jungen entgegen und sahen mich ängstlich an: Doch es genügte ein Blick, ein Lächeln, und sie begriffen, dass wir furchtlos weitermachen würden.

Die Muttergottes war da, natürlich war sie da!

Anfangs sagte ich das nur, weil es die anderen auch sagten, doch dann habe ich es auf ganz einfache und konkrete Weise selbst erfahren. Ich merkte, dass die Jungen dort ruhiger, friedlicher waren. Sie beteten inniger und ihre tiefen Wunden heilten rasch.

In den darauffolgenden Jahren kamen wir wieder, für einige Monate; wir schliefen jedes Mal in Zelten und halfen den Leuten vor Ort bei der Feldarbeit und bei ihren verschiedenen Baumaßnahmen, um mehr Platz für die Pilger zu schaffen. Eines Tages kamen drei Italiener zu mir und sagten: »Elvira, das Grundstück, auf dem ihr immer zeltet, steht zum Verkauf. Wir kaufen es dir!« Die Vorsehung wollte uns an diesem Ort und ich war sehr froh darüber!

Heute steht dort, wo wir früher gezeltet haben, ein wunderschönes Haus unserer Gemeinschaft. Die Jugendlichen sind sogar in den Jahren des Krieges unter großen Opfern dortgeblieben und haben die Häuser Stein für Stein aufgebaut, in denen heute über hundert junge Menschen aus vielen verschiedenen Ländern leben. Wenn sie ankommen, werden sie von einer großen Familie willkommen geheißen, die wahre Freundschaft, Frieden und Heiterkeit ausstrahlt.

Gottes Werke entstehen in der Stille. Die großen, wichtigen Dinge, die wirklich für das Leben und für die Ewigkeit zählen, hört man nicht, sie machen keinen Lärm. Und so wuchs unsere Gemeinschaft in diesem gesegneten Land: in der Stille, durch viele Opfer und harte Arbeit. Sie wuchs, weil wir den Mut hatten, trotz unzähliger Schwierigkeiten und Ängste dort zu bleiben und in großer Freude unter dem Blick Marias gemeinsam weiterzugehen.

Unsere Geschichte in den verschiedenen Ländern der Welt hat zu einem guten Teil hier begonnen. Ja, denn an diesen Ort kommen Pilger aus allen Teilen der Welt und viele lernen die Gemeinschaft hier kennen, indem sie die Zeugnisse unserer Jugendlichen hören. Was sie sehen und hören, berührt und fasziniert sie, und einige von ihnen nehmen den Wunsch mit nach Hause, auch in ihrem Heimatland diesen Samen der Hoffnung auszusäen.

So hat sich die Anzahl unserer Häuser in verschiedenen europäischen Ländern und auf der ganzen Welt vervielfacht.

Hin und wieder kommen meine Mitarbeiter und sagen zu mir: »Elvira, wir eröffnen eine Mission in Peru … Ein neues Haus in Argentinien … Wir fangen mit dem neuen Haus in Fatima an … Elvira, nun sind wir endlich in Afrika, in Liberia …« Ich bin dann wirklich erstaunt und überrascht und es kommt sogar vor, dass ich nicht einmal weiß, wo all diese Orte liegen.

Wer mich kennt, der weiß, dass ich immer gesagt habe, dass ich nichts von alledem mit dem Verstand begriffen habe. Ich hätte mir nie angemaßt, den Plan Gottes »begreifen« zu wollen. Und je weiter sich diese Geschichte entwickelt, umso weniger verstehe ich sie.

Ich will den Willen Gottes nicht verstehen, ich will ihn leben! Ich will zulassen, dass Gott seinen Willen verwirklicht, ohne den Anspruch zu haben, ihn zu kennen, bevor er ihn verwirklicht!

Und so fragen wir uns jedes Mal, wenn wir in ein neues Land aufbrechen: »Was wird wohl geschehen? Wie werden sie uns aufnehmen?« Es sind viele Fragen und vielleicht auch einige Ängste, die uns bewegen, wenn es darum geht, ein neues Haus zu eröffnen. Aber wir wollen diesen Ängsten immer im Glauben entgegentreten, indem wir uns der Liebe Gottes und der Jungfrau Maria anvertrauen. Und so gehen wir mit einer gelassenen Gewissheit, dass Gott für uns sorgen wird, weiter!

Einige Entwicklungen unserer Gemeinschaft sind direkt aus dem Herzen der Jugendlichen gekommen und auf ihren Wunsch hin entstanden.

Eine Zeit lang habe ich oft zu ihnen darüber gesprochen, wie wichtig es sei, im Leben der Frau zu begegnen, die auch wirklich die »Richtige« ist, und sich für sie zu entscheiden.

Ich sagte ihnen:

»Hättet ihr eine echte Frau, eine starke Frau getroffen, die in der Lage gewesen wäre, oft auch ein klares ›Nein‹ zu sagen, um euch dadurch zu erziehen, dann hättet ihr keine Drogen genommen.« Ich war schon immer davon überzeugt, dass die Frau den Mann »macht«.

Eines Tages, nachdem ich zu den Jugendlichen gesprochen hatte, kam ein hochgewachsener und schüchterner Junge zu mir und sagte: »Elvira, du sprichst zu uns immer wieder über die große Bedeutung der Frau, aber den Frauen draußen sagt das niemand. Wer bringt denn ihnen bei, wie sie sein sollen? Warum tust du nicht auch etwas für sie?«

Der Herr hat immer durch das Leben der Jungen zu mir gesprochen. Ich habe immer versucht, auf ihre von Gott erleuchteten Herzen zu hören, und in diesem Augenblick begriff ich, dass ich auch Häuser für Frauen eröffnen sollte.

Wenige Monate später hat die Vorsehung diesen Schritt bestätigt. Drei junge Frauen kamen zu mir, die selbst nie drogenabhängig gewesen waren. Sie waren bereit, die Mädchen, die zu den Vorgesprächen kamen und um Hilfe baten, aufzunehmen und sie zu begleiten. Sie hatten eine Arbeit, gaben jedoch alles auf. – Der Heilige Geist hat sie wirklich zu mutigen Frauen gemacht!

Bevor man ein Haus eröffnet, braucht es immer jemanden, der die Tür des eigenen Herzens für Gott und seinen Plan öffnet. Die wahre Vorsehung ist das Leben, sind die Menschen, nicht die Mauern.

Und so entstand die erste Frauengemeinschaft, aus der sich dann weitere Häuser entwickelt haben.

Heute sehen wir, welche Früchte dieses erste »Ja« gebracht hat. Wie schön ist es, Gottes Werk zu betrachten!

Wie schön ist es, Frauen zu sehen, die zu einem neuen Leben auferstanden sind!

Und auf diese Weise ist die Entwicklung unserer Gemeinschaft weitergegangen!

Wir haben ein Haus eröffnet, dann ein zweites, dann noch eins und dann … heute zähle ich sie gar nicht mehr.

Und in all unseren Häusern sehen wir staunend, wie junge Menschen aus vielen Ländern der Erde miteinander beten und so einander verstehen, einander vergeben und friedlich zusammenleben. Jeden Tag machen sie gemeinsam einen Neuanfang auf ihrem Weg der Erneuerung.

Der Herr hat aus unserer Gemeinschaft ein Zeichen seines Erbarmens gemacht.

Die Botschaft, die unsere Gemeinschaft überall in der Welt verkündet, lautet:

»Gottes Barmherzigkeit ist grenzenlos!«

*Als Gemeinschaft sind wir dazu berufen, ein kleines, aber leuchtendes*
*Zeichen der Hoffnung in der Finsternis der heutigen Welt zu sein.*
*Die Häuser unserer Gemeinschaft sollen Orte sein, an denen man sich*
*»von der Verzweiflung zur Hoffnung« aufmacht und wo der,*
*der mutlos, allein, traurig, ausgegrenzt und in der Dunkelheit ist,*
*das Licht und die Freude am Leben wiederfindet.*

(Aus der *Lebensregel* der Gemeinschaft Cenacolo)

# … SECHS

# VIELE KINDER EINER MUTTER

*Die vielen verschiedenen Berufungen*

*Umsonst habt ihr empfangen,*
*umsonst sollt ihr geben.*
(Mt 10,8)

Das Leben ist uns geschenkt worden, ohne Bedingung.

Das ist die erste Berufung, die es zu leben gilt: das Leben als Geschenk der Liebe Gottes anzunehmen.

Wenn wir morgens die Augen öffnen und uns bewusst wird, dass wir leben, dann ist es Zeit für ein breites Lächeln und eine feste Umarmung. Wenn ich das sage, dann werde ich oft gefragt: »Wen soll ich denn anlächeln? Wen soll ich umarmen? Mein Mann ist auf der Arbeit. Die Kinder schlafen noch. Ich bin allein, es ist niemand bei mir.« Dann antworte ich: »Und du, bist du etwa ›niemand‹? Du sollst *dich* anlächeln, dein Leben, du sollst dich selbst umarmen. Du sollst dich gernhaben, du sollst dein Sein, dein Dasein, jeden Tag von Neuem freudig annehmen.«

Wir sollten lernen, zu uns selbst und zu unserem Leben gleich nach dem Aufwachen Folgendes zu sagen: »Mein Leben, ich nehme dich an, ich umarme dich, ich lächle dir zu. Heute will ich leben, indem ich mich hingebe. Ich will nicht länger nur so dahinvegetieren!«

Den jungen Schwestern der Gemeinschaft habe ich empfohlen, gleich nach dem Aufwachen diesen Vers zu singen: »Steh auf, meine Freundin; steh auf, meine Schwester; steh auf, meine Braut, und komm!«, um so dem Leben, dem alltäglichen Leben, die Hand zu reichen; jenem Leben, das Freundin, Schwester, Braut und Mutter ist; jenem Leben, das alles ist.

Das Leben ist ein Geschenk Gottes und um glücklich zu sein, müssen wir es weiterschenken. Ich sage oft zu den Jugendlichen: »Wenn das Leben nicht verschenkt wird, dann ist es ein vergeudetes Leben!« Heute entscheide ich mich also für das, was ich in meinem Leben wirklich tun will und muss, nämlich zu lieben.

Das ist das Geheimnis, das sich hinter jedem »neuen Leben« verbirgt und das sich in den verschiedenen Berufungen findet, die »im Mutterschoß der Gemeinschaft Cenacolo« herangewachsen sind!

Ich habe die Gemeinschaft nie als ein »Sanatorium für Drogensüchtige« oder als »Therapie« definieren wollen, sondern vielmehr als eine Familie betrachtet – eine Familie, die das Leben umarmt. Uns interessiert nicht zuerst, mit welchen Problemen jemand kommt, und auch nicht, welcher Religion er angehört oder ob er überhaupt gläubig ist. Viel wichtiger für uns ist der lebendige Mensch, vor allem der Mensch, der leidet und Hilfe braucht.

Die Gemeinschaft ist wie eine Mutter, die das Leben ihrer Kinder empfängt. Sie ist eine weite Straße zum Herzen Gottes, offen für das Leben der jungen Menschen, die in den Jahren ihrer Abhängigkeit tiefe Wunden davongetragen haben und nun an unsere Tür klopfen, um diesen Weg der Heilung und Rückbesinnung auf die Schönheit des Lebens anzutreten. Sie ist auch offen für das Leben derer, die eine Zeit lang bei uns verbringen wollen, um sich selbst wiederzufinden, auch wenn bei ihnen aus der Sicht der Welt »alles in Ordnung« zu sein scheint. Sie ist offen für diejenigen, welche unsere Gemeinschaft als einen Ort des Gebets und des Dienstes am Nächsten begreifen, wo man den Ruf Gottes hören kann. Die Gemeinschaft ist auch offen für Männer und Frauen, die darunter leiden, dass ihr Lebensentwurf gescheitert ist und die dringend eine Pause brauchen, die ihnen Kraft gibt für einen wirklichen Neubeginn.

Je nachdem, aus welchen Gründen jemand bei uns aufgenommen werden möchte, empfehlen wir, zuerst eine Art »Probezeit« zu machen – einfach um zu prüfen, ob sich unser Weg als Antwort auf seine Fragen und als Hilfe für seine Probleme eignet.

In unserer Geschichte waren es die Jugendlichen selbst, die der Herr vom ersten Augenblick an als »Arbeiter in seinem Weinberg« und »erste Missionare« gewollt hat. In der Anfangszeit gaben wir ihnen, wenn drei Jahre verstrichen waren, den »Segen«, und sie mussten gehen. Doch dann sagten einige zu mir:

»Elvira, ich will hierbleiben, ich will zurückgeben, was ich bekommen habe.«

»Ich muss noch bleiben, das Gute in mir muss noch stärker werden.«

»Es genügt mir nicht, geheilt zu sein, ich will lernen zu lieben und denen etwas von meinem Leben schenken, die heute verzweifelt sind und um Hilfe bitten.«

Und so haben sich einige entschieden, nachdem sie ihr eigenes Leben wieder aufgebaut hatten, bei uns zu bleiben, denn sie wollten die Liebe, die sie empfangen hatten, weitergeben und dort mithelfen, wo die Gemeinschaft sie brauchte.

Es waren die Jugendlichen, die bereits den »Weg der Auferstehung« gegangen waren, die dann zu den ersten Missionaren der Gemeinschaft wurden. Sie haben »Ja« gesagt und sind dorthin gegangen, wo wir ein neues Projekt beginnen wollten.

Wir nennen sie *Missionari servi per amore* (»Missionare – Diener aus Liebe«), um deutlich zu machen, welche Kraft daraus erwächst, wenn jemand sich freiwillig, unentgeltlich und aus Liebe in den Dienst der Menschen stellt, die an unsere Türen klopfen.

Es gibt sehr viele Freiwillige in unserer Gemeinschaft, die einige Jahre ihres Lebens oder sogar ihr ganzes Leben einsetzen, um anderen zu helfen.

Schon in den ersten Jahren spürte ich in meinem Herzen, dass diese Jugendlichen die Fähigkeit hatten, vielen entmutigten Menschen Freude, Hoffnung und Zuversicht zu schenken und so Zeugen des Lichtes und der Barmherzigkeit Gottes zu werden. Sie selbst haben auf dieses Herzensbedürfnis geantwortet, indem sie ein Musical ins Leben gerufen haben, um auf die Not der Jugendlichen in der Welt aufmerksam zu machen und zu bezeugen, dass das Böse und die Droge nicht das letzte Wort haben. Das Musical heißt *Dalle tenebre alla Luce* (»Aus der Finsternis ins Licht«) und es erzählt von dem Wunder ihres neuen Lebens, dargestellt in verschiedenen Szenen, Musikstücken und Tänzen, Zeugnissen und Liedern. Alles haben sie selbst entworfen und realisiert, um Zeugnis zu geben von der Schönheit des Lebens, das sie wiedergefunden haben und das sie heute im Licht und in der Wahrheit verbringen.

Nach und nach sind weitere biblische Musicals entstanden, die uns auf zahlreiche Plätze und in viele Kirchen Europas und der ganzen Welt geführt haben, damit wir dort die Größe der Barmherzigkeit Gottes und die Freude des Glaubens bezeugen.

All das entsteht aus der Kreativität der Jugendlichen, aber auch aus ihrer Opferbereitschaft, aus einem ernsthaften und beharrlichen Engagement, das sie stundenlang beschäftigt: das Vorbereiten und Einstudieren der Texte, der Auf- und Abbau der Bühne, die Montage der Beleuchtung … Dabei verzichten sie auf Schlaf, auf das Fußballspielen, auf Freizeit … Aber die schönen Dinge des Lebens entstehen immer aus dem Opfer heraus und das macht sie echt. Diese künstlerische Dimension – Gesang, Tanz, Theater – kann auch als eine »Berufung« unserer Gemeinschaft betrachtet werden.

Es ist eine Berufung, die Freude des Glaubens zu bezeugen, allen, die uns begegnen, zu verkünden, dass Jesus den Tod – unseren Tod! – besiegt hat, dass Gottes letztes Wort nicht der Tod, sondern die Auferstehung ist!

Ich sage immer vor jedem Musical, dass die, die die Bühne betreten, keine Künstler, sondern »Auferstandene« sind. Es sind junge Menschen, die tot waren, aber die die Liebe Gottes wieder auferweckt hat.

Sie hatten sich auf den Straßen dieser Welt verirrt und waren nur im Nebel der Drogen oder im Rausch des Alkohols in der Lage, zu tanzen oder von sich zu erzählen. Jetzt aber tun sie es mit reinem Herzen und leuchtenden Augen und besiegen dadurch ihre Ängste und ihre Schüchternheit. Deshalb handelt es sich hier nicht um ein »Schauspiel«, sondern es geht um die Wirklichkeit, um konkrete Wunder, die heute geschehen. Es ist die Geschichte Jesu, der gekommen ist, um uns zu retten, jene Geschichte, die sich immer weiter fortsetzt und bis in unsere Gegenwart reicht.

Wir bezeugen, dass wir durch das Blut eines Menschen, eines jungen Mannes, gerettet worden sind: Jesus von Nazareth, der das lebendige Antlitz Gottes ist, der für unsere

Freiheit bezahlt und sich bis zum letzten Blutstropfen für uns hingegeben hat, um uns zu offenbaren, wie kostbar wir in den Augen Gottes sind.

Wir sind seine Kinder! Und jedes Mal, wenn man uns bittet, Zeugnis zu geben, sehen wir, dass unser Glaube stärker wird, wenn wir ihn weiterschenken und mit anderen teilen.

Einige Jugendliche hatten den Wunsch, ihre Berufung zur Familie innerhalb der Gemeinschaft zu verwirklichen und ihre Verlobung und Ehe auf authentische und christliche Weise zu leben.

So ist das »Noviziat für Paare« entstanden, eine Zeit der konkreten Vorbereitung für die Paare, die sich nach einer Zeit der reinen und aufrichtigen Freundschaft dazu berufen fühlen, gemeinsam eine christliche Familie zu gründen. Aus dieser Vorbereitungszeit sind die ersten »Cenacolo-Paare« und »missionarischen Familien« hervorgegangen. Mit der Zeit sind weitere Paare hinzugekommen, die den einfachen und konkreten Lebensstil der Gemeinschaft Cenacolo lieben gelernt haben.

Einige Paare bleiben während der ersten Ehejahre in der Gemeinschaft, um eine solide Grundlage für ihre Beziehung zu legen, und kehren dann in die Welt zurück; andere entscheiden sich, zu bleiben, und widmen sich ganz und ohne jede Gegenleistung dem Dienst an den Jugendlichen und Kindern. Entsprechend den Erfordernissen der Gemeinschaft leben sie die vertrauensvolle Hingabe an die göttliche Vorsehung und tragen Mitverantwortung für die verschiedenen Häuser. Sie nehmen nach ihren jeweiligen Möglichkeiten an den verschiedenen Gebetszeiten, an der Arbeit und am Gemeinschaftsleben teil.

Unsere Familien sind offen für das Leben. Die Türen ihrer Häuser und ihrer Herzen sind weit geöffnet für die Bedürfnisse der anderen.

Die Familien mit ihren Kindern sind ein eindrucksvoller Beweis für die Schönheit dieser christlichen Berufung und ihr Leben ist eine Quelle der Freude und Hoffnung für viele Jugendliche und Kinder, die nicht mehr an den Wert der Familie geglaubt haben.

Ich kann nur darüber staunen, wie viele Jugendliche Missionare geworden sind, denn all das ist nicht meine Idee oder mein Werk. Gott hat all das in ihren Herzen bewirkt und ich habe es voller Freude angenommen. Ich habe nur einen Wunsch: Ich möchte dazu beitragen, dass der Herr auch weiterhin im Herzen vieler junger Menschen wirkt und eine reine und heilige Sehnsucht in ihnen weckt, damit sie den Mut haben, auf seinen Wegen zu gehen.

Unsere Missionen sind ein Beispiel dafür. Sie wurden im Herzen eines jungen Mannes geboren, der Nicola hieß. Bevor er in die Gemeinschaft kam, war er von der Welt der Erwachsenen tief enttäuscht und verletzt worden. Nicola hat bis zum Letzten an das Leben geglaubt und wollte es für die anderen einsetzen. Weil er selbst eine so schwere Kindheit gehabt hatte, liebte er die Kinder grenzenlos – besonders die verlassensten –, und er ließ nicht locker, bis die Gemeinschaft auch für sie ihre Türen öffnete.

Nachdem er der Barmherzigkeit Gottes begegnet war und seinem Vater vergeben konnte, der ihn von klein auf tief verletzt hatte, spürte er den immer drängenderen Wunsch, etwas für die vielen Kinder auf der Welt zu tun, die unter dem Egoismus der Erwachsenen leiden.

Er sagte oft zu mir: »Elvira, wenn ich schon als Kind entdeckt hätte, dass Gott ein Vater und dass die Vergebung der wahre Sieg über das Böse ist, wenn jemand mir das schon damals beigebracht und mir gezeigt hätte, wie man diese Wahrheit lebt, wie viel weniger Schlechtes hätte ich dann mir selbst und meiner Familie und der Gesellschaft zugefügt!« Er sagte immer wieder zu mir: »Falls ich von meiner Aids-Erkrankung geheilt werden sollte, dann werde ich für die *meninos de rua* (›Straßenkinder‹) in Brasilien da sein.« Das war sein großer Traum! Diesen Kindern zu zeigen, dass ihr Leben trotz der Ablehnung und der Verletzungen, die die Erwachsenen ihnen zugefügt hatten, ein Geschenk Gottes ist. Sein Leiden, das er bis zu seinem Tod für dieses Anliegen aufgeopfert und »heiligmäßig« ertragen hat, war der Mutterboden, auf dem unsere Missionen für die Straßenkinder gewachsen sind.

Und diese Geschichte geht weiter: In verschiedenen südamerikanischen Ländern und in Afrika haben unsere Missionare Häuser gegründet, in denen sie Straßenkinder und Waisen aufnehmen. Die Kinder erfahren dort die Zuwendung der Familien, der gottgeweihten Frauen und Männer und der Freiwilligen. Diese sind für sie da, sorgen für sie und erziehen sie und sie helfen ihnen, die Schönheit des Lebens wiederzuentdecken.

Es ist wunderbar, dass die Jugendlichen, die selbst von der Liebe Gottes gerettet wurden, nun in der Lage sind, anderen zu helfen, an die rettende Liebe Gottes zu glauben!

So ist Nicolas Traum Wirklichkeit geworden, weil er immer wieder darauf gedrängt hat, weil er treu dafür gebetet und seine Schmerzen aufgeopfert hat für die »Geburt« der Missionshäuser in unserer Gemeinschaft.

In der großen Cenacolo-Familie war von Anfang an immer auch Platz für die Eltern der Jugendlichen, die wir aufgenommen haben. Sie gehen den Weg ihrer Kinder mit und entdecken dabei die Schönheit des Glaubens. So wird das Kreuz, dass sie selbst durchlitten haben, zu einer Hilfe und zu einer Hoffnung für viele andere Familien, die unter demselben Kreuz leiden.

Auch viele Freunde haben sich unserem Weg angeschlossen: Menschen, die uns an verschiedenen Orten und zu verschiedenen Gelegenheiten kennengelernt haben. Obwohl sie nicht selbst von Abhängigkeiten betroffen waren, hat ihnen die Begegnung mit der Gemeinschaft einen wohltuenden Impuls für ihr Leben und ihren Glauben gegeben. Viele sagen zu mir: »Elvira, ich habe festgestellt, dass auch ich eigentlich ›ganz schön süchtig‹ bin – ›süchtig‹ nach Karriere, Anerkennung, Geld, Arbeit, materiellen Dingen. Ich muss mich ändern. Und wenn deine Jungen das schaffen, dann kann ich es auch.«

Ich freue mich von Herzen, wenn ich manche von ihnen sehe: In den Augen der Welt sind sie »hohe Tiere«, was ihre berufliche Rolle und Verantwortung angeht, und vielleicht fühlen sie sich gerade deswegen bei uns sehr wohl. Mit der Zeit werden sie einfach wie Kinder und finden wieder zu sich selbst – in einem Umfeld, das sie nicht nach dem bewertet, was sie tun, sondern nach dem, was sie sind, das nicht auf das Äußere achtet, sondern die Wahrheit des Herzens zutage fördert.

Ihre Freundschaft und ihr »Mit-uns-auf-dem-Weg-Sein« ist viel größer als alles, was sie für uns tun und womit sie unsere Gemeinschaft so großzügig unterstützen. Die Freundschaft, die aus dem Glauben kommt, ist ein wirklich kostbarer Schatz!

Ich war davon ausgegangen, dass alles, was aus der Gemeinschaft hervorgehen könnte, bereits entstanden sei: die Jungen, die Mädchen, dann die Paare, die Eltern der Jugendlichen, die Freunde, die Missionare, die Kinder. Als dann plötzlich junge Leute vor mir standen, die in unserer Gemeinschaft ein gottgeweihtes Leben führen wollten, war ich zunächst unschlüssig und dachte: »Wie sollen wir das denn machen?«

Im ersten Augenblick habe ich nicht gejubelt, das gebe ich zu, aber dafür juble ich jetzt.

Ich hatte mich immer in das Leben »gestürzt«, das der Herr mir schenkte, ein Leben, das schon jetzt sehr bunt und spannend war –, aber dann kamen sie und baten mich darum, noch einen Schritt weiterzugehen.

In Wirklichkeit waren es nicht sie, sondern der Herr hatte sie geschickt!

Und so wuchs aus der »Armut der Süchtigen«, aus diesem »Trümmerhaufen«, der Spross des gottgeweihten Lebens hervor. Das war wirklich eine Überraschung des Heiligen Geistes und der Gottesmutter.

Wir haben Wunder gesehen und sehen sie noch immer: Jugendliche, die den Geist der Gemeinschaft Cenacolo leben wollen in einem freiwilligen und großzügigen Dienst und in der vollständigen Hingabe ihres Lebens.

Zuerst fragten mich einige junge Männer und später kamen auch junge Frauen, die mich baten, dem Herrn in diesem Werk ihr Leben weihen zu dürfen.

Heute sind aus diesen jungen Leuten Frauen und Männer geworden, die fähig sind, auch schwere Zeiten zu bestehen und ihre Hingabe treu zu leben. Sie sind fähig, Freude und Liebe zu verbreiten und Opfer zu bringen. Die Brüder und Schwestern sind ein großer Reichtum, sie sind gewissermaßen die »Pfeiler«, die die Gemeinschaft tragen, sie sind das »Herz« der Gemeinschaft.

Die bisher letzte »Überraschung des Heiligen Geistes« haben wir am 25. März 2010, dem Fest Mariä Verkündigung, erlebt: die diözesane Anerkennung der *Suore Missionarie della Risurrezione* (»Missionsschwestern der Auferstehung«). Sie sind im Herzen der Gemeinschaft Cenacolo entstanden und gehören zu ihr, zeichnen sich jedoch durch das gottgeweihte Leben und ihre eigene Art des missionarischen Ordenslebens aus.

Schon vorher gab es Frauen, die in der Gemeinschaft ihr Leben Gott geweiht hatten, jetzt aber konnten sie das Profil ihres gottgeweihten Lebens klarer erkennen. Die kirchliche Anerkennung war wie eine Taufe, die unseren Schwestern einen Namen und eine Identität verlieh. Ihre Berufung ist es, zuerst Gott Zeit zu schenken – im Gebet, in der Betrachtung und im Hören auf sein Wort –, um dann zum Dienst an den verwundeten Menschen unserer Zeit zu »eilen« und ihnen die Barmherzigkeit und Liebe des himmlischen Vaters zu zeigen.

Ein besonderer Moment ihres täglichen Gebets ist die »Stunde der Barmherzigkeit« zwischen drei und vier Uhr nachmittags, die sie zu Füßen Jesu in der gemeinschaftlichen eucharistischen Anbetung verbringen, um die göttliche Barmherzigkeit auf unser gesamtes Werk und die ganze Welt herabzurufen, die heute so sehr vom Bösen verletzt und zerrissen ist.

Der Herr wollte, dass in der »großen Familie« der Gemeinschaft Cenacolo verschiedene Lebensformen vereint sind. Es ist schön, dass die Quelle, aus der sie hervorgegangen sind, ein und dieselbe ist: Wir sind Kinder derselben Mutter, Früchte desselben Baumes.

Wenn im Herzen der Jugendlichen etwas Schönes entsteht, dann kommen sie voller Vertrauen und erzählen es mir.

Ich weiß genau, was meine Aufgabe ist, und ich muss und will sie gut erfüllen. Es ist meine Pflicht, das »Herz«, die Stimme, die Person zu sein, die das Gewissen der Jugendlichen wachrüttelt.

Doch ich habe nichts, dessen ich mich rühmen könnte, denn nichts ist aus Pflichterfüllung oder Anstrengung entstanden. Vielmehr war es wie eine »Revolution der Liebe«. Alles hat sich Tag für Tag entwickelt, ohne je erdacht, geplant oder am Schreibtisch errechnet worden zu sein.

Die Entstehungsgeschichte der Gemeinschaft war wie ein friedlicher Fluss, der entspringt und dann seinen Lauf nimmt.

Sohn, Tochter, das bleibt man ein Leben lang. Man kann auf einem anderen Erdteil leben, andere Wege wählen, aber wir bleiben immer die Kinder derer, die uns zur Welt gebracht, die uns das Leben geschenkt haben.

Und wenn man in die Gemeinschaft kommt, dann ist es ähnlich wie ein Geborenwerden.

Jeder, der auf die eine oder andere Weise ein Teil dieser großen Familie wird, teilt ihre Freuden und Leiden, ihre Hoffnungen und Sorgen, ihre Armut und ihren Reichtum, ihre Nöte und ihre Gaben, ihre Niederlagen und ihre Siege.

Deshalb bleiben auch die »Kinder« der Gemeinschaft – so nennen wir die jungen Männer und Frauen, die im Laufe der Jahre bei uns gewesen sind und die nun wieder außerhalb der Gemeinschaft leben – mit uns in Kontakt, sie lassen von sich hören oder schauen einfach vorbei. Sie gehören zu uns!

Die Verbindung, die zwischen uns entstanden ist, kann nicht einfach verschwinden, weil einer anderswo lebt, denn es ist eine innere Verbindung. Kind bleibt man ein Leben lang. Im Herzen.

Kind derer, die uns das physische, das körperliche Leben, gegeben haben, und Kind derer, die uns das Leben der Seele, den Glauben, gegeben haben.

*Wir werden stets eine kleine Familie aus Brüdern und Schwestern,*
*Laien, Familien und Armen sein, die mit den Armen auf dem Weg sind,*
*um zu bezeugen, dass jeder Getaufte ein Missionar ist,*
*und um die Wahrheit aufstrahlen zu lassen,*
*dass nur aus der Gemeinschaft mit Jesus*
*und aus dem Gebet die wahre Mission erwächst.*

(Aus der *Lebensregel* der Gemeinschaft Cenacolo)

# … SIEBEN

# EINE FAMILIE VON AUFERSTANDENEN

*Die Gemeinschaft in der Kirche*

*Zur Freiheit hat uns Christus befreit.*
*Bleibt daher fest und lasst euch nicht von Neuem*
*das Joch der Knechtschaft auflegen!*
(Gal 5,1)

Das Band zwischen der Gemeinschaft und der Kirche bestand von Anfang an. Ich selbst bin eine Frau der Kirche, eine Ordensfrau, und vor allem ist unser gemeinschaftlicher Lebensweg auf den christlichen Glauben gegründet und darin verwurzelt. Echte Freundschaft und Gebet, Arbeit und Opferbereitschaft sind die Schritte, die die Jugendlichen zur lebendigen Begegnung mit Jesus im Wort Gottes und in den Sakramenten hinführen.

Zu wissen, dass wir in die Kirche eingefügt, dass wir ein kleiner lebendiger Stein dieses großen Gebäudes sind, gibt unseren Jugendlichen große Sicherheit.

Oft haben sie die Kirche bekämpft, sie haben sie mit den Augen der Welt beurteilt, aber wenn sie sie kennenlernen, fühlen sie sich geschützt und in Sicherheit wie Kinder, die ihre Mutter wiederfinden.

Als die vielen falschen »Wahrheiten« und Versprechungen der Welt, auf die sie sich verlassen haben, in sich zusammengebrochen sind, hat sie das zutiefst verunsichert, und so suchen sie nun nach einer tragfähigen Grundlage.

Als die Stimmen, denen sie gefolgt sind, sich als Täuschung und Enttäuschung erwiesen haben, hat das in ihnen die Sehnsucht nach der Begegnung mit einem wahren Wort geweckt, einem Wort, das hält, was es verspricht.

Heute ruht ihre Sicherheit auf dem Fundament des Wortes Gottes, das die Kirche verkündet. Das ist ein Weg, der nicht enttäuscht, eine Gewissheit, die nicht trügt, ein Wort der Wahrheit, das die Herzen befreit.

Glaube, Hoffnung und Liebe sind neu in uns gewachsen und nun in uns lebendig. Sie ruhen auf dem festen Fundament einer lebendigen und wahren zweitausendjährigen Geschichte, die die Jugendlichen zwar nicht im Einzelnen kennen, die sie aber lebendig in ihren Herzen spüren.

Die Vorsehung Gottes hat unseren Weg in der Kirche geführt durch die besondere Verbindung mit der Diözese Saluzzo, in der unsere Gemeinschaft entstanden ist, und mit den Bischöfen, die in dieser Zeit aufeinander folgten:

Jener Bischof, der am Anfang dem Werk seinen Segen gegeben hat, der aufmerksam, diskret und auch mit menschlicher Sorge das Wachsen der Gemeinschaft beobachtet hat, der mit Freude und Staunen auf die Gemeinschaft geschaut hat und in ihr ein Geschenk Gottes erkannte, der ihr schließlich auch die erste rechtliche Anerkennung schenkte, und der andere Bischof, der uns bei der internationalen Entwicklung begleitet und den Verlauf der päpstlichen Anerkennung wohlwollend unterstützt hat und der unserer Gemeinschaft weiterhin freundschaftlich zur Seite steht.

Ähnlich wie es zu Beginn der Gemeinschaft war, so wird auch jedes Haus, das wir neu eröffnen, von der Kirche angenommen und gesegnet. Ein neues Projekt »beginnt« immer im Herzen von Menschen, die eines unserer Häuser besuchen und durch die Zeugnisse der Jugendlichen den Weg kennenlernen. Einige bewegt diese Begegnung so sehr, dass sie sich dafür entscheiden, auch etwas für die Jugendlichen im eigenen Land zu tun. Häufig entstehen dann Gebetsgruppen von Personen, die dasselbe Anliegen im Herzen tragen. Sie spüren gewissermaßen eine »Berufung«, sich dafür einzusetzen, dass die Gemeinschaft auch in ihr Land kommt. So beginnen sie damit, Gott diesen Wunsch anzuvertrauen. Im Laufe der Zeit lernen sie unsere Gemeinschaft immer besser kennen, die Spiritualität und die Art und Weise, wie wir den Jugendlichen und ihren Familien helfen. Dann beginnen sie, selbst den Menschen zu helfen, die vom Kreuz der Abhängigkeit gezeichnet sind, indem sie sie mit einem der näher gelegenen Cenacolo-Häuser in Kontakt bringen und sie so auf den Weg der Freiheit führen. Normalerweise entsteht zuerst eine Gemeinschaft von Personen, die beten und dem Leben dienen, und dann kann möglicherweise auch ein Haus gegründet werden.

Die Dinge Gottes entstehen zuerst in den Herzen, nicht auf dem Papier, zuerst innen, nicht außen; und immer – auch in der Zeit des Wartens – sind sie gesegnet durch das Gebet.

Unsere Anwesenheit an einem Ort soll durch Schlichtheit und Stille geprägt sein. Wir wollen keine Werbung, keinen Lärm und keinen Wirbel machen. Vielmehr möchten wir einfach unser Gemeinschaftsleben führen, indem wir die aufnehmen und lieben, die um unsere Hilfe bitten. Gemeinsam mit ihnen machen wir uns auf den Weg, um den Schatz eines tätigen und konkreten Glaubens zu entdecken.

Wir bitten darum, bei der Eröffnung eines neuen Hauses nicht viel Aufhebens und nicht viele Worte zu machen, weil wir glauben, dass das Gemeinschaftsleben selbst – mit seiner

Harmonie und Freude, mit dem Gebet und der Arbeit, mit seiner Disziplin und Ernsthaftigkeit – eine Kraft hat, die in den Herzen sehr viel mehr bewirkt, als Worte es jemals könnten.

Wir wollen handeln, statt viel zu reden!

Wenn ein neues Haus entsteht, bitte ich den Bischof der entsprechenden Diözese nur um eines: dass wir in der Kapelle das Allerheiligste aufbewahren dürfen, denn nur das Gebet vor Jesus, der im Sakrament lebendig gegenwärtig ist, verwandelt das Herz der Jugendlichen, die wir in dem Haus aufnehmen werden.

Der Erste, den wir aufnehmen wollen, ist Jesus. Er ist der erste Gast und Freund in unserem Haus, denn Er ist es, der alle anderen aufnimmt. Die Jugendlichen wissen es. Das erste Zimmer, das in einem neuen Cenacolo-Haus hergerichtet wird, ist die Kapelle. Wenn Jesus bei uns ist, ändert sich alles. Und auch ich bin sehr viel ruhiger, wenn ich weiß, dass Er im Haus bei unseren Jugendlichen gegenwärtig ist.

Hin und wieder besuchen die Ortsbischöfe unsere Häuser, entweder zu besonderen Festtagen oder mitten im Alltag. Auch andere befreundete Hirten tun dies, weil sie sich uns besonders verbunden fühlen durch die Spiritualität der Gemeinschaft, wegen ihrer Mission oder ihrem Dienst an den Jugendlichen. Durch ihr Dasein erfahren wir die liebevolle Umarmung und den Segen der Kirche.

Wichtig für unseren Weg sind auch die Wallfahrten für die Jugendlichen und ihre Eltern nach Lourdes, Medjugorje, Fatima, Tschenstochau oder zu anderen Orten, die sich die

Muttergottes ausgesucht hat, und an denen man die Universalität der Kirche erfahren kann. Diese Wallfahrten tragen zu unserer Heilung bei, vermehren unseren Glauben und vertiefen unsere Beziehung zur Kirche.

Dank der Vorsehung Gottes gibt es in einigen dieser marianischen Wallfahrtsorte inzwischen Häuser unserer Gemeinschaft. Die Gottesmutter hat uns an diese Orte geführt, die durch ihre Anwesenheit gesegnet sind. Es sind Gnadenorte, an denen man die Barmherzigkeit Gottes und seine Liebe auf besondere Weise erfährt.

Ich freue mich immer, wenn unsere Jugendlichen an bedeutenden und starken Momenten im Leben der Weltkirche teilnehmen. Für sie ist es eine neue und bereichernde Erfahrung. Sie sehen, dass es eine Welt gibt, die glaubt, dass viele andere junge Menschen das Gute wollen und dass Gott auch außerhalb der Gemeinschaft gegenwärtig ist. So wird ihnen bewusst, dass das Gebet nicht nur eine »Therapie« für Drogenabhängige ist, sondern der Weg, glücklich zu werden.

Bei manchen dieser Begegnungen werden wir gebeten, Zeugnis zu geben, und das bereichert nicht nur die, die uns zuhören. Von unserem Leben Zeugnis zu geben, tut auch uns selbst gut. Es erinnert uns an das Gute, das wir empfangen haben, und es hält uns vor Augen, wer wir vor unserer Begegnung mit dem Herrn waren und wer wir heute sind.

Damit wir nie vergessen, was die Barmherzigkeit des Herrn in uns gewirkt hat!

Besonders kostbar sind für mich, was unsere Verbindung zur Kirche betrifft, die Begegnungen mit den Päpsten.

Ich habe den Jugendlichen immer die Liebe zum Papst und zur Kirche vermittelt. Denn die Kirche ist das Haus Gottes, in dem der einsame und entmutigte Mensch Unterschlupf, Zuflucht, eine Familie findet.

Ich bin mir sicher, dass Petrus in der Person des Papstes auf Erden geblieben ist. Wer nicht wenigstens einmal in seine Nähe gekommen ist, kann das leuchtende Geheimnis dieser lebendigen Gegenwart, die in ihm wohnt, nicht begreifen. Wenn du in seine Nähe kommst – ganz gleich, ob es nun Johannes Paul II. oder Benedikt XVI. oder Franziskus ist –, dann spürst du, dass Petrus lebendig ist, dass in ihm die Zärtlichkeit Gottes wohnt, die Schönheit eines Felsens, der bleibt und dir Sicherheit gibt.

Du spürst eine Dimension, die nicht mehr nur irdisch ist oder nur ein »historischer Moment«. Da gibt es etwas anderes, das über das hinausgeht, was du siehst. Da ist jemand anderes anwesend in der Person, der du begegnest. Es ist Petrus, der uns auch heute hinführt zur Begegnung mit dem Meister.

Ich bin mehrmals mit Johannes Paul II. zusammengetroffen und immer hat er uns gesegnet und ermutigt.

In besonderer Erinnerung geblieben ist mir meine erste Begegnung mit ihm im Juli 1990, einige Tage nach dem siebten Jahrestag der Entstehung unserer Gemeinschaft.

Ich war mit einigen Freunden im Aostatal und wir warteten an einem Gebirgsweg auf den Heiligen Vater, der in der Gegend Urlaub machte und dort vorbeikommen sollte.

Als der Papst sich näherte, begannen meine Freunde – warum, weiß ich nicht – laut zu rufen: »Hier ist Schwester Elvira!«

Da drehte der Heilige Vater sich um, als ob er nach mir suchte, und fragte:

»Woher?«

Sie antworteten im Chor:

»Aus Saluzzo.«

Doch der Papst wollte nicht die Antwort von allen, sondern von mir.

Er sah mich an, sein Blick war unbeschreiblich.

Dreimal fragte er: »Woher?«

Ich brachte zunächst kein Wort über die Lippen, doch schließlich sagte ich:

»Ich bin aus Saluzzo und lebe zusammen mit Drogenabhängigen.«

Da blickte mir der Papst tief in die Augen und ich fühlte ein tiefes Einverständnis zwischen uns. Dann machte er mir ein Kreuzzeichen auf die Stirn, als wollte er sagen: »Die Kirche segnet dich!«

Und mein Herz war voller Freude!

Ebenso bewegt haben mich die verschiedenen Begegnungen mit Benedikt XVI.

An eine erinnere ich mich besonders gut. Wir machten mit vielen unserer Jugendlichen eine Wallfahrt nach Rom und nahmen an der Mittwochsaudienz teil. Ich stand in der Nähe einer Absperrung, wo der Papst vorbeikommen sollte. Als er kam, haben wir einander intensiv angeschaut. Er war sehr heiter und hatte es gar nicht eilig.

Er nahm mich bei den Händen und ich sagte zu ihm:

»Heiligkeit, danke, dass Sie die Gemeinschaft Cenacolo besonders erwähnt und gesegnet haben.«

Er sah mich an und sagte: »Ah, ihr seid das!« Dabei lächelte er liebevoll.

Dann sahen wir uns noch einmal in die Augen, drückten uns die Hände, und ich sagte zu ihm:

»Heiligkeit, wir stehen an Ihrer Seite, nur Mut!«

Ich habe Papst Benedikt mehrmals getroffen und wir haben uns immer an den Händen gefasst und einander tief in die Augen geschaut. Unsere Herzen haben in der Stille und in tiefer Freundschaft miteinander gesprochen.

Ihn zu sehen und ihm zuzuhören, entfachte in mir eine große Zärtlichkeit, denn dieser Mensch ist gut und demütig.

Ich habe nicht das Empfinden, dass er nicht mehr da ist. Er ist da! Er ist da!

Heute, nach all dem, was ich erlebt habe, bin ich noch verliebter in die Kirche und ich bin ihr sehr dankbar für das, was sie ist: ein wirksamer Schutz für unsere Ideale; Licht, das unseren Weg erleuchtet; Orientierung für unsere Entscheidungen; Dienst an den Ärmsten; geteiltes Brot für die Leidenden; Geborgenheit für alle. Die Kirche ist jung dank all derer, die ihr Leben hingeben, die ohne Angst und Tag für Tag ihre Lebenskraft einsetzen. Den Mut und die Ausdauer dazu finden sie in der Kommunion, in der Begegnung mit dem gekreuzigten und auferstandenen Leib Christi.

Die Apostel haben so gelebt. Sie sind Jesus gefolgt, und nach Pfingsten, von jenem Abendmahlssaal (»Cenacolo«) aus haben sie begonnen, allen von Ihm zu erzählen. So ist die Kirche entstanden.

Auf dem Weg dieser zweitausendjährigen Geschichte waren Männer und Frauen jeder Sprache, aus jedem Volk und jeder

Kultur fasziniert von der lebendigen Begegnung mit Jesus. Sie haben sein Licht bis an die äußersten Enden der Erde getragen: Sie waren die Kirche, die allen das Brot des Lebens bringt – und heute bin ich diese Kirche, du bist diese Kirche, wir sind diese Kirche!

*Die Einheit entsteht in der Wahrheit der Beziehungen,*
*und die Wahrheit kommt aus der Freiheit des Herzens.*
*Wahrheit in Verbindung mit Nächstenliebe ist wirkliche Liebe.*
*Wahrhaftig zu sein mit sich selbst und gegenüber den anderen, bedeutet,*
*freie, reine, demütige Menschen zu sein.*
*Ohne Wahrheit in der Nächstenliebe ist ein Zusammenleben*
*keine wirkliche Einheit.*

(Aus der *Lebensregel* der Gemeinschaft Cenacolo)

## *... um die Menschheit zu umarmen!*

Ich habe nie Pläne für die Zukunft geschmiedet, doch möchte ich die Tür des Herzens, die Tür der Liebe, immer weiter öffnen, um die ganze Menschheit zu umarmen und um alle aufzunehmen, die noch immer verloren und einsam sind.

Ich weiß sehr wohl, dass die Dinge, die ich gesagt habe, sich einfach anhören, doch es ist schwer, sie im Leben zu verwirklichen – das ist nur möglich durch ein Wunder Gottes. Ich weiß sehr wohl um meine menschliche Begrenztheit und Schwäche, dass meine Liebe und meine Hingabe noch sehr viel tiefer werden sollten. Aber andererseits weiß ich auch, dass sich viele Männer und Frauen vor mir vom Fluss der Liebe Christi haben mitreißen lassen und zum Geschenk für andere geworden sind; und ich möchte zu ihnen gehören – in all meiner Einfachheit und Schwäche.

Ich fühle mich wirklich reich beschenkt, denn es ist eine große Gnade, heute die Liebe leben zu dürfen und eine Familie zu haben, mit der ich den Reichtum des Glaubens teilen kann. Was braucht man mehr? Durch die Jugendlichen, die sich mir angeschlossen haben, ist die Umarmung der Liebe Gottes größer und weiter geworden und bewirkt so, dass viele verletzte Menschen sich geliebt fühlen. Indem wir unseren Nächsten umarmen, lernen wir, menschlicher zu werden und Liebe mehr zu verwirklichen.

Die Liebe ... die Liebe ist Leben.
Die Liebe ist konkretes Handeln.
Die Liebe bedeutet, Opfer zu bringen.
Die Liebe bedeutet, Erniedrigungen zu ertragen.

Die Liebe bedeutet, manchmal auch Hunger zu haben, aber sie ist immer Liebe.

Und du musst sie an alle weitergeben und dir selbst immer wieder sagen:

»Ich muss lieben! Ich will lieben! Weil Gott die Liebe ist.«

Und wir haben uns für Gott entschieden. Wir haben uns für Ihn entschieden? – In Wirklichkeit hat Er sich für uns entschieden.

Und wir – überglücklich, dass wir Ihm begegnen durften – haben geglaubt.

Glauben heißt lieben.

Lieben heißt handeln.

Handeln heißt dienen.

Der Plan, der einzige und ewige Plan ist der, weiter zu lieben, zu lieben, zu lieben … und dem Leben zu dienen. Darum wollen wir dem Heiligen Geist und Maria vertrauensvoll dorthin folgen, wohin sie uns führen möchten.

Das ist unser Leben.

Das ist unsere Geschichte.

# IM HERZEN DER KIRCHE

*Übergabe des Anerkennungsdekretes*
*Rom, den 16. Oktober 2009*

---

*»Liebe Freunde der Gemeinschaft Cenacolo,*
*wie sollte man nicht in eurer Gemeinschaft,*
*die inzwischen in verschiedenen Ländern der Welt vertreten ist,*
*eben jene Herberge wiedererkennen,*
*in der die körperlichen und seelischen Wunden*
*so vieler verirrter und vor allem junger Menschen geheilt werden,*
*die den Sinn ihres Lebens und den Sinn*
*für die Väterlichkeit Gottes verloren haben?«*

(S. E. Stanisław Card. Ryłko,
Präsident des Päpstlichen Rates für die Laien)

*Am 16. Oktober 2009 fand in Rom beim Päpstlichen Rat für die Laien die Übergabe des Anerkennungsdekretes der Gemeinschaft Cenacolo statt. Es trägt das bedeutsame Datum des 16. Juli 2009.*

*So wurden wir am 26. Jahrestag der Gründung unserer Gemeinschaft von der Kirche, unserer Mutter und Lehrerin, gesegnet und in unserer Sendung bestätigt.*

*Dies war ein zutiefst bedeutsamer Moment unserer Geschichte.*

*Die Aufnahme und »Umarmung« im Herzen der Kirche war für Mutter Elvira nicht nur eine unermessliche Freude, sondern zudem die sichere Gewissheit, dass das, was aus ihrem »Ja« entstanden ist, nicht »ihr« Werk ist, sondern das Werk Gottes.*

*Wir glauben, dass der Wortlaut des Dekretes und die Worte, die Mutter Elvira bei dieser Gelegenheit gesprochen hat, am besten zum Ausdruck bringen, wer wir in der Kirche sind und worin unsere Sendung besteht.*

## *Dekret der Anerkennung der Gemeinschaft Cenacolo als »Internationale private Vereinigung von Gläubigen«*

Die Gemeinschaft Cenacolo entsteht am 16. Juli 1983 auf Initiative von Frau Rita Petrozzi, auch bekannt als Mutter Elvira, die nach Jahren des Wartens und Betens – in denen sie erkennt, dass der Herr sie dazu beruft, ihr Leben den alleingelassenen, drogensüchtigen und ausgegrenzten Jugendlichen zu widmen – in einem baufälligen Gebäude oberhalb von Saluzzo (CN) das erste Haus des Cenacolo eröffnet, wo sie bedürftige Jugendliche von der Straße aufnimmt. Die tiefe Eingebung, die sie leitet, erwächst aus der Erkenntnis, dass diese Jugendlichen nicht etwas, sondern jemanden suchen: das Antlitz des Vaters. Diese Überzeugung veranlasst sie nicht nur, den vielen Menschen, die an die Tür der Gemeinschaft klopfen, einen Ort der Genesung und sozialen Unterstützung zu bieten, sondern ihnen zudem einen ganz konkreten Weg der Umkehr und der Erneuerung des Glaubens im Lichte Christi anzubieten.

Wie es in den Statuten heißt, »will die Gemeinschaft Cenacolo ein lebendiges Zeichen der barmherzigen Liebe Gottes zu den Armen sein durch ein vorbehaltlos und unentgeltlich miteinander geteiltes Leben, in Achtung vor der Würde der Person, der Stimme des Heiligen Geistes gehorsam, im Vertrauen auf die göttliche Vorsehung und aufmerksam für die Erfordernisse der jeweiligen Zeit« (Art. 2).

Die Gemeinschaft lebt dieses Charisma, indem sie die persönliche Heiligung ihrer Mitglieder fördert und Initiativen und Werke unterstützt, die auf die Aufnahme, Ausbildung und Unterstützung derer ausgerichtet sind, die in Situationen der Abhängigkeit oder Orientierungslosigkeit leben.

Die Gemeinschaft Cenacolo wird am 30. Mai 1998 von S. E., dem H. H. Bischof Diego Natale Bona, als diözesane Vereinigung von Gläubigen anerkannt. Am 8. Dezember 2005 wird die diözesane Anerkennung der Gemeinschaft von S. E., dem H. H. Bischof Giuseppe Guerrini, dem derzeitigen Bischof von Saluzzo, endgültig bestätigt.

Im Laufe dieser Jahre haben sich zahlreiche Personen zu einem Engagement in diesem missionarischen Werk entschlossen, indem sie neue Häuser eröffnet und in aller Welt Möglichkeiten zur Aufnahme gefördert haben.

Anlässlich der Jubiläumswallfahrt der ganzen Gemeinschaft Cenacolo nach Rom hat der Heilige Vater Johannes Paul II. am 16. Februar 2000 alle ihre Mitglieder in ihrem Engagement ausdrücklich ermutigen wollen, indem er bekräftigte: »Der Papst ist bei euch, meine Lieben. Er schätzt euer Werk und begleitet euch mit seinem Gebet. Verliert angesichts der Schwierigkeiten nicht den Mut. Das Kreuz sei euer Halt, und Christus, der gestorben und auferstanden ist, sei euer beständiger Ansporn, an dem begonnenen Weg festzuhalten und so zu Zeugen der Hoffnung in der Gesellschaft zu werden.«[1]

---

[1] Generalaudienz, in: Insegnamenti di Giovanni Paolo II, XXIII, 1, 2000, S. 200.

Das Ökumenische Zweite Vatikanische Konzil und das nachkonziliare Lehramt haben den gemeinschaftlichen Formen der Teilhabe am Leben der Kirche ihre besondere Aufmerksamkeit geschenkt und ihre tiefe Wertschätzung und Achtung bezeugt.[2]

In derselben Weise hat der Diener Gottes Papst Johannes Paul II. auch hervorheben wollen, wie wichtig es ist, »die verschiedenen Wirklichkeiten von Zusammenschlüssen zu fördern, ob in den traditionelleren Formen oder in den neueren Formen der kirchlichen Bewegungen. Jedenfalls hören sie nicht auf, der Kirche eine Lebendigkeit zu verleihen, die Geschenk Gottes ist und einen echten ›Frühling des Geistes‹ darstellt«.[3]

Auch Benedikt XVI. hat erklärt, die kirchlichen Bewegungen und neuen Gemeinschaften seien »ein Geschenk des Herrn, eine wertvolle Ressource, um mit ihren Charismen die ganze christliche Gemeinschaft zu bereichern«.[4]

Aufgrund des bisher Gesagten,

in Anbetracht des von Frau Rita Petrozzi eingereichten Gesuchs, mit dem sie in ihrer Eigenschaft als Gründerin und

---

[2] Vgl. Dekret über das Laienapostolat *Apostolicam actuositatem*, 18, 19 und 21; Nachsynodales Apostolisches Schreiben *Christifideles laici*, 29.

[3] Apostolisches Schreiben *Novo millennio ineunte*, 46.

[4] Ansprache an die Bischöfe, die an einem Studienseminar des Päpstlichen Rates für die Laien teilnehmen (17. Mai 2008), in: Insegnamenti di Benedetto XVI, IV, 1, 2008, S. 811.

Leiterin der Gemeinschaft Cenacolo dieses Dikasterium um die rechtliche Anerkennung des oben genannten Zusammenschlusses als einer »Internationalen privaten Vereinigung von Gläubigen« und um die Approbation seiner Statuten bittet;

unter Berücksichtigung der bischöflichen Empfehlungsschreiben, die den festen Glauben der Mitglieder der Gemeinschaft, ihren lebhaften Sinn für die kirchliche *Communio* und ihren apostolischen Elan bezeugen;

in der Erwartung, dass die Gemeinschaft sich in verschiedenen Ländern der Welt ausbreiten wird;

in der Überzeugung, dass es angemessen ist, die Gemeinschaft Cenacolo anzuerkennen und ihre Statuten zu approbieren, nachdem die von diesem Dikasterium vorgebrachten Anmerkungen akzeptiert worden sind;

verfügt der Päpstliche Rat für die Laien unter Verweis auf Artikel 134 der Apostolischen Konstitution *Pastor bonus* über die Römische Kurie und auf Canon 322 des Kodex des kanonischen Rechts:

1. die Anerkennung der Gemeinschaft Cenacolo als »Internationale private Vereinigung von Gläubigen päpstlichen Rechts«, gemäß den Canones 298–311 und 321–329 des Kodex des kanonischen Rechts;
2. die Approbation der vom Dikasterium in gebührender Weise geprüften und in seinen Archiven hinterlegten Statuten des oben genannten Zusammenschlusses *ad experimentum* für fünf Jahre.

Gegeben im Vatikan am 16. Juli 2009, dem Fest Unserer Lieben Frau auf dem Berge Karmel, dem 26. Gründungstag der Gemeinschaft Cenacolo.

Unterzeichnet von *Stanisław Card. Ryłko (Präsident), Josef Clemens (Sekretär)*

### *Ansprache von Mutter Elvira*

Hochwürdigste Eminenz,
anwesende Exzellenzen, liebe Freunde,
mit Worten können wir das Erstaunen, die Rührung und die tiefe Freude nicht ausdrücken, die uns alle, die ganze Gemeinschaft Cenacolo, in diesem Moment bewegt.

Ich bin eine arme und einfache Frau, die von der Barmherzigkeit Gottes dazu gerufen worden ist, sich um die Wunden der Jugendlichen von heute zu kümmern. Ich habe nicht die Bildung für eine tiefe und wortgewandte Abhandlung, aber ich habe die große Freude, Zeugnis davon zu geben, dass ich die Erste bin, die über das staunt, was bis zu diesem Moment Schritt für Schritt im Leben der Gemeinschaft geschehen ist.

Wie hätte ich mir eine solche Geschichte auch nur ausdenken können? Ich bin die Erste, die diese Geschichte mit Erstaunen betrachtet und sich darüber freut, ein lebendiger Teil davon zu sein.

*In diesem Moment legt Mutter Elvira die Seiten mit dem Skript ihres Vortrags beiseite und fährt spontan fort:*

*»Das alles ist passiert, ohne dass es mir bewusst war. Ich habe mich einfach in die Barmherzigkeit Gottes hineingestürzt und*

*habe die Ärmel hochgekrempelt, um zu lieben, zu lieben, zu lieben … und zu dienen! Jetzt bitte ich euch um Entschuldigung, aber ich werde das nicht vorlesen; wisst ihr, warum? Weil ich nicht lesen kann, ja, denn als ich in die Schule gegangen bin, bin ich nur bis in die dritte Volksschulklasse gekommen. Ich hatte sieben Geschwister und oft konnte ich gar nicht in die Schule gehen und deshalb habe ich nicht lesen gelernt. Ich weiß nicht, warum der Herr gerade auf mich geschaut hat … aber ich habe begriffen, dass er mich angeschaut hat, weil ich schon von klein auf immer für andere sorgen musste. Alle wollten etwas und immer war ich für alle da. Und ich bin glücklich darüber! Jetzt leiht mir Don Stefano seine Stimme, sein Herz, und liest weiter. Ich schaffe es nicht mehr. Eminenz, ist das in Ordnung?«*

*Alle lächeln, sind berührt, und Don Stefano fährt mit dem Vortrag fort und sagt: »Gern leihe ich Mutter Elvira meine Stimme und mein Herz.« Dann liest er weiter.*

Wie unser geliebter Papst Johannes Paul II. gesagt hat: »Wenn der Heilige Geist eingreift, versetzt er uns in Erstaunen. Er bewirkt Ereignisse, deren Aktualität verblüfft, er verändert die Menschen und die Geschichte von Grund auf.« Das Mitleid Gottes für den Menschen hat mich veranlasst, den Jugendlichen zu helfen, die auf den Straßen und Plätzen unserer Städte liegen, den Tod im Herzen, traurig, enttäuscht, betrogen vom Bösen und von der Droge. Ihr Leiden ist mir ins Herz gedrungen. In der eucharistischen Anbetung erschien es mir, als hörte ich wahrhaft ihren Schmerzensschrei, der mich aufrüttelte. Ich sah sie »ohne Hirten«, ohne Orientierung und in großer Gefahr. Sie hatten viele Dinge, Geld in der Tasche, ein Auto, eine Ausbildung, all das, was man an materiellen Dingen haben kann … und trotzdem waren sie im Inneren traurig und verloren in einem inhaltsleeren Leben.

Ich spürte ein Drängen in mir, das immer stärker wurde. Es war nicht meine Idee oder mein Projekt. Nicht einmal ich selbst wusste genau, was mir geschah, aber ich fühlte, dass ich den Jugendlichen etwas geben musste, das Gott für sie in mich hineingelegt hatte. Ich habe dem Herrn erneut mein »Ja« gegeben, während ich geduldig darauf gewartet habe, dass seine Zeit kam. Am 16. Juli 1983, dem Fest Unserer Lieben Frau auf dem Berge Karmel, erhielt ich von der göttlichen Vorsehung die Schlüssel des ersten Hauses oberhalb von Saluzzo.

Ich dachte, ich würde *ein* Haus eröffnen … Doch mit Gott sind die Dinge anders gelaufen. Immer mehr Jugendliche kamen und baten darum, neu geboren zu werden. Daraufhin eröffneten wir ein zweites Haus, dann ein drittes; zuerst in Italien, dann in Europa. Dann entstanden die Missionen in Lateinamerika … Heute zähle ich sie nicht mehr. Von Anfang an wollte ich für die Jugendlichen nicht nur einen Ort der Genesung oder der Hilfe schaffen, sondern ich wollte ihnen eine »Lebensschule« anbieten, in der sie das Leben als Geschenk Gottes wiederentdecken, um es in seiner ganzen Schönheit zu erleben. Ich habe ihnen den Weg vorgeschlagen, der auch mich immer wieder aufgebaut und mir Vertrauen und Hoffnung gegeben hat: die gütige Barmherzigkeit Gottes, die Kraft des Gebets und das totale Vertrauen auf die Vorsehung Gottes, die uns niemals enttäuscht hat.

Im Laufe der Jahre haben sich mir junge Menschen angeschlossen, die ihr Leben Gott schenken wollten, um ihren Glauben zu teilen im selbstlosen Dienst an den anderen. Die Hände und Herzen derjenigen, die sich ganz in den Dienst dieses Werkes stellen, haben sich vervielfacht. So hat sich völlig unerwartet ein »missionarischer Horizont« aufgetan, der nicht geplant war!

Dann kamen die Familien der Jugendlichen, die wir aufgenommen hatten, dazu: Familien, die oft tiefe Verletzungen davongetragen hatten. Doch die Barmherzigkeit Gottes hat ihr Scheitern und ihre Verzweiflung zu einer Gelegenheit der Bekehrung verwandelt, zu einem neuen, christlichen Leben, das offen ist für die Vergebung und den Dienst am Nächsten.

Auch viele Freunde haben das Wunder der »Auferstehung« unserer Jugendlichen gesehen und so die Freude am Glauben und die Zugehörigkeit zur Kirche wiedergefunden. Das beharrliche Gebet ist für sie zur Quelle geworden, aus der sie Kraft schöpfen, um die Aufgaben des Lebens im christlichen Geist zu erfüllen.

Und so ist eine große Familie aus Menschen entstanden, die durch die Barmherzigkeit Gottes umgewandelt wurden, und die nun gemeinsam auf dem Weg »aus der Finsternis ins Licht« sind: Welch große Gnade erleben wir heute, wenn wir sehen, wie diese Familie von der Kirche angenommen, umarmt und gesegnet wird!

Ja, es ist wahr – so können wir mit dem Psalmisten ausrufen –, dass der Herr »den Schwachen aus dem Staub emporhebt und den Armen erhöht, der im Schmutz liegt. Er gibt ihm einen Sitz bei den Edlen, bei den Edlen seines Volkes« (Ps 113,7–8).

Von Herzen möchte ich nun den Bischöfen von Saluzzo danken – der Stadt, in der durch die göttliche Vorsehung die Gemeinschaft Cenacolo entstanden ist –, dass sie sich in diesen Jahren mit liebevoller Führung unserer Gemeinschaft angenommen haben.

Mein besonderer Dank gilt Seiner Exzellenz Bischof Bona, der unser Werk mit »den Augen Gottes« gesehen und uns am Pfingstfest des Jahres 1998 mit der diözesanen Approbation in die Kirche aufgenommen hat – genau an dem bedeutungsvollen Tag, an dem Papst Johannes Paul II. zum ersten Mal auf dem Petersplatz mit allen Bewegungen und neuen Gemeinschaften zusammentraf.

Weiter richte ich einen aufrichtigen Dank an Seine Exzellenz Monsignore Guerrini, der uns von Anfang an unterstützte, indem er unsere Gemeinschaft auf Diözesanebene endgültig anerkannte und sich von Anfang an für den Weg einsetzte, der uns heute zur Anerkennung als »Internationale Vereinigung« hierher geführt hat.

Grenzenlose Dankbarkeit empfinden wir gegenüber dem Heiligen Vater, der uns im »Herzen der Universalkirche« aufgenommen hat durch das Dikasterium, welches von Ihnen, Hochwürdige Eminenz Kardinal Ryłko, geleitet wird. Das Herz Petri wird zum barmherzigen Samariter, indem es eine Gemeinschaft der Armen aufnimmt, eine Gemeinschaft von Personen, die die Zerbrechlichkeit und Schwäche der menschlichen Existenz erfahren haben, die aber heute voll Freude allen bezeugen, dass die Barmherzigkeit Gottes stärker ist als jede Sünde, dass die Auferstehung Christi der wahre Sieg über den Tod ist und dass das christliche Leben der Weg ist, den Sinn des Lebens und die verlorene Würde wiederzuerlangen.

Das Anerkennungsdekret, das uns überreicht wird, ist ein großes Zeichen der Liebe der Kirche, unserer Mutter und Lehrerin. Möge es uns ermutigen, unsere Zugehörigkeit als Kinder immer verantwortungsbewusster zu leben. Möge es uns helfen, einen überzeugten und festen Glauben heranreifen zu lassen und im Gebet, im lebendigen Zeugnis, im Dienst und in der Treue mit dem Heiligen Vater und seinen Mitarbeitern immer tiefer verbunden zu sein.

Abschließen möchte ich mit einigen Worten des Heiligen Vaters Benedikt XVI., die er Pfingsten 2006 an die Bewegungen und neuen Gemeinschaften gerichtet hat, weil ich glaube, dass sie besonders auf die Situation unserer Gemeinschaft zutreffen: »In dieser Welt, die so voll ist von scheinbaren Freiheiten, die die Umwelt und den Menschen zerstören, wollen wir in der Kraft des Heiligen Geistes zusammen die wahre Freiheit erlernen, Schulen der Freiheit errichten, den anderen durch unser Leben zeigen, dass wir frei sind, und wie schön es ist, wirklich frei zu sein in der wahren Freiheit der Kinder Gottes.«

Möge die Gemeinschaft Cenacolo diese wahre Freiheit der Kinder Gottes immer mehr bezeugen; möge sie immer mehr die mütterliche Liebe der Kirche zum Ausdruck bringen, die sich zu dem verwundeten Menschen herabneigt, sich seiner annimmt und ihn so befähigt, den Weg nach Hause wiederzufinden: den Weg der Wahrheit, die frei macht.

Mit der Freude Marias, der Freude des Magnifikat im Herzen, wollen wir unseren neuen Weg ganz und gar in ihre Hände legen.

Und Ihnen wollen wir unseren aufrichtigen und tiefen Dank aussprechen:

Danke, danke von Herzen für Ihre verständnisvolle Zuwendung und Ihre Liebe zu uns!

# ES GIBT GOTT,
# ICH BIN IHM BEGEGNET!

*Katechese von Mutter Elvira für die Jugendlichen*

Medjugorje, August 1998

---

*Was von Anfang an war, was wir gehört haben,*
*was wir mit unseren Augen gesehen,*
*was wir geschaut*
*und was unsere Hände angefasst haben, das verkünden wir:*
*das Wort des Lebens […]*
*das verkünden wir auch euch, damit auch ihr Gemeinschaft mit uns habt.*
(1 Joh 1,1.3)

Wir sind erschaffen durch ein Zeichen, einen Gedanken, eine Fantasie der Liebe. Wir sind der Traum Gottes, der Wirklichkeit geworden ist, der sichtbar und greifbar geworden ist. Wenn Gott träumt, erschafft Er. Jeder von uns ist dieser Traum. Wir müssen nur lernen, diesen Traum Gottes zu betrachten, indem wir einander wirklich ansehen. Ich möchte euch heute diese großartige Neuigkeit erzählen, die schönste, die einzig wahre Neuigkeit: »Es gibt Gott, und ich bin Ihm begegnet!«

Liebe junge Freunde, schließt eure Augen. Wahrhaft jung sind alle die, deren Herz bebt und pulsiert. Jung sind wir mit einem reinen, jungfräulichen Herzen, weil es voller Liebe ist. Auch ich fühle mich noch sehr, sehr jung, obwohl ich schon über sechzig Jahre alt bin.

Schließt also die Augen und ruft mit mir gemeinsam: »Gott gibt es wirklich, und ich bin Ihm begegnet!« Sagen wir das allen!

Liebe Jugendliche, hören wir endlich auf damit, »willenlose Herdentiere« zu sein! Hören wir auf damit, »heidnische Christen« zu sein! Ist es wahr, dass es Gott gibt und dass du Ihm begegnet bist? Bist du Ihm wirklich begegnet in deiner Einsamkeit, in deinem Zorn, in deiner Gewalttätigkeit, in deiner tiefen Verschlossenheit? Bist du Ihm begegnet im Gesicht deines Vaters, den du ablehnst, weil er in deinen Augen nicht glaubwürdig ist? Bist du Ihm in der bevormundenden Art deiner Mutter begegnet, die dir auf die Nerven geht?

Ich bin Ihm begegnet, jawohl! In der Enge, in der Dunkelheit und im Geheul meiner Sünde. Es gibt Gott, und ich bin Ihm begegnet, und zwar vor allem genau dann, wenn ich dachte, am Boden zu liegen, gescheitert zu sein, keine Hoffnung mehr zu haben und auf immer zum Tod verurteilt zu sein. Es gibt Gott, und ich bin Ihm begegnet!

Ich bin Ihm begegnet in den zugeschwollenen Augen eines Säufers, der sich bei einem seiner unzähligen Stürze das ganze Gesicht zerschlagen hatte. Ich bin Ihm begegnet in jener armen, abgemagerten Mutter, die nicht einmal wusste, wie sie ihr Kind ernähren sollte. Ich bin Ihm begegnet in vielen Ungerechtigkeiten, die ich in der Schule und bei der Arbeit erlebt habe. Ich bin Ihm begegnet in jenem jungen Außenseiter, der sein Glück verzweifelt in der Nadel einer Spritze suchte.

Es gibt Gott. Er ist da in meiner Geschichte. Er ist da in meinem Alltag und ich muss Ihm begegnen in der Wirklichkeit meines Lebens. Er ist ein Gott, der spricht, der mich anspricht, ein Gott, der mich an seiner Seite haben will bei der Erlösung und Rettung seiner Geschöpfe.

Liebe Freunde, wir besitzen einen unermesslichen Schatz. Wir sind Gott heute, jetzt, begegnet! Jeder von uns ist Ihm begegnet. Wir sind Ihm begegnet, als wir verzweifelt am Kreuz hingen und schrien: »Vater, warum hast du mich verlassen?« So ist Gott: Leben im Leben, dieses Leben, das ich Moment für Moment lebe. Er ist der Heilige Geist in uns, der mit »unaussprechlichem Seufzen« unaufhörlich in uns ruft: »Abba, Abba, Abba!« Vereinigen wir uns mit dieser machtvollen und zugleich zarten Stimme, der beharrlichen Stimme, die sich in unserem Inneren an den Vater wendet.

Heute sind sehr viele Jugendliche verwaist, einsam, verlassen, weil sie das mütterliche, väterliche, freundschaftliche und bräutliche Antlitz der Liebe noch nicht gefunden haben.

Gott ist die Liebe, die wir schon immer suchten. Gott ist die unendliche Liebe, die niemals endende Umarmung. Gott ist die lebendige Hoffnung, diese Zuversicht, die wir gern den ganzen Tag über und alle Tage unseres Lebens hätten.

Der Heilige Geist in uns möchte sich einen Weg bahnen, Er möchte das Leben jedes Einzelnen von uns ganz in Besitz nehmen. Lassen wir der Leere, dem Zweifel, der Angst, dem Hass und dem Groll in uns nicht den geringsten Raum! Versöhnen wir uns, damit der Heilige Geist in uns wirken kann, damit Er in uns lebt und die Fülle dessen schenkt, wonach wir uns immer gesehnt haben.

Wir müssen uns eine Frage stellen: Interessiert uns die Freude? Interessiert uns die Liebe? Interessiert uns das Glück? Interessiert uns das Leben? Interessieren uns das Gute und das Wohlergehen? Nun versteht ihr: All das ist der Heilige Geist: Er ist die Liebe, Er ist die Freude, Er ist die Hoffnung, Er ist das Glück, Er ist der Jubel, Er ist der Tanz, Er ist die Umarmung, Er ist der Duft. Er ist das Leben, das jeden Tag neu geboren wird.

Ihr jungen Leute, sucht mehr als wir nach der Wahrheit des Lebens, und im Leben ist es der Heilige Geist, der in uns ruft: »Gib mir Raum! Gib mir Raum!« Wir wissen alle sehr genau, wie viel Raum wir dem »Geist der Welt« gegeben haben, dem Geist der falschen und trügerischen Welt, die nur nach den materiellen Dingen fragt, nach vergänglichen Vergnügungen, die immer einen sehr bitteren Nachgeschmack hinterlassen, jene Vergnügungen, nach denen du dich gedemütigt, verachtet, benutzt und vom Bösen geschlagen fühlst.

Junge Freunde, diese Dinge habt *ihr* uns erzählt. Ich habe sie von jungen Menschen, wie ihr es seid, erfahren. Ihr dachtet, ihr hättet das alles in eurem Inneren verschlossen, doch dadurch, dass ihr jetzt hier seid, um zu beten, um auf Gott zu hören, um bei Maria in die Schule zu gehen, sagt ihr uns, dass ihr genug habt von der Falschheit dieser Welt, von der Heuchelei, der Lüge, den Masken, den Marionetten.

Ihr sagt uns, dass ihr an das Leben glaubt, dass ihr an die Liebe glaubt, dass ihr an die Hoffnung glaubt, und ihr sagt uns auch, dass ihr an die Barmherzigkeit glaubt.

Jugendliche, ihr seid unsere »gelebte Theologie«, Tag für Tag. Und wir Erwachsenen müssen lernen, dieses offene Buch, das ihr seid, zu lesen.

Liebe Jugendliche, im Namen eurer Familien, im Namen der Kirche, im Namen der Schule, im Namen der Arbeitswelt, im Namen der Ordensleute, Priester und Schwestern, im Namen all derer, die für euch Vorbild waren, aber euch auf die eine oder andere Weise enttäuscht haben, bitte ich euch: Vergebt uns! Vergebt uns unsere Falschheit, vergebt uns unsere Heuchelei, vergebt uns unsere Unglaubwürdigkeit. Vergebt uns und macht uns keine Vorwürfe. Wir können nicht die Vorbilder sein, die ihr sucht. Eure Eltern können nicht die Vorbilder sein, nach denen ihr sucht. Keiner von uns ist imstande, euer Herz ganz mit Wahrheit, mit Echtheit, mit Licht, mit Frieden, mit Liebe zu erfüllen.

Das einzige Vorbild, das niemals enttäuscht, ist ein anderer, auf den – das versichere ich euch – auch wir Tag für Tag blicken und nach dem wir uns ausrichten. Es ist Jesus – Jesus, der Sohn Marias, Jesus, der Sohn Gottes, Jesus, der Gekreuzigte, Jesus, der am Kreuz gesiegt hat, Jesus, der auferstanden ist. Er ist unser Vorbild. Er ist unsere Antwort.

Liebe Jugendliche, sicher habt ihr einen Anspruch darauf, mehr von uns Erwachsenen zu erwarten und uns unsere Widersprüchlichkeit vorzuhalten, aber wir können euch jetzt nicht mehr enttäuschen. Wir – gemeinsam mit euch und so wie ihr – brauchen die Vergebung jeden Tag neu. Glaubt mir, es ist so! Wir gehen jeden Tag mit euch den Kreuzberg hinauf, denn nur das Kreuz gibt uns die erschöpfende, vollständige Antwort auf das Leben, auf mein Leben und auf dein Leben. Hören wir endlich auf damit, uns selbst zu betrügen. Wir müssen konkret sein in unserem Glauben! Unser Glaube beginnt mit einem Menschen, der allem Anschein nach gescheitert ist, der tot am Kreuz hängt – offenbar ein Misserfolg; und alle haben sie den Kopf geschüttelt und waren enttäuscht. Wir können uns keiner Siege rühmen, die nicht erkämpft worden sind. Unser Sieg ist Jesus, der jenes Kreuz besiegt hat. Er ist auferstanden! Er hat uns nicht enttäuscht. Er ist nicht gescheitert. Er hat gesiegt mit der Kraft der Liebe, indem Er alles gegeben hat. Er hat gesiegt mit der Kraft der Vergebung bis zum Ende.

Wisst ihr, was ich neulich zu einer Gruppe von Jugendlichen unserer Gemeinschaft gesagt habe? Ihr alle sucht noch nach eurem Weg und die meisten, vor allem die Mädchen, denken dabei an ihren »Traumprinzen«, während die Jungen das attraktivste, hübscheste, netteste, »unkomplizierteste« Mädchen suchen …

Ich sage euch jetzt etwas: Bevor ihr euch für einen Jungen oder ein Mädchen oder – falls der Herr euch zu einem gottgeweihten Leben beruft – für einen Orden entscheidet, entscheidet euch zuallererst für das Kreuz. Das meine ich ernst: Entscheidet euch für das Kreuz! Jede Entscheidung birgt etwas Unvorhersehbares, das sich nur mit dem Kreuz deuten lässt.

Bevor du dich für diesen oder jenen Jungen entscheidest und so waghalsig bist, dein Leben für immer in seine Hände zu legen, entscheide dich für das Kreuz, umarme das Kreuz, und du wirst von Jesus, dem Gekreuzigten, umarmt werden. Nur dann wirst du diesem Jungen treu sein können, nur dann wirst du eine Frau werden, die wirklich *aus Liebe* für ihren Mann sorgt und nicht nur, weil sie sich dazu verpflichtet fühlt.

Du wirst aus Liebe für ihn da sein und nach und nach wirst du dich fühlen wie eine »Königin«. Ja, denn aus Liebe für andere da zu sein, ist der größte Reichtum, die höchste Würde, der Weg, eine echte »Königin« zu werden. Und diesen Titel kann dir niemand mehr wegnehmen, wenn du beginnst, die schmutzigen Füße aller zu waschen – aus Liebe. Wenn du dich nicht scheust, aus Liebe deine Aufgaben treu und gut zu verrichten! Dienen aus Liebe! Und du wirst eine »Königin« sein, weil du stärker bist als der Geltungsdrang, als die Trägheit und die Neigung, das Negative im anderen zu sehen. Doch das alles ist nur möglich, wenn du dich zuerst für das Kreuz entscheidest. Wenn du dein Leben in die Hände Gottes legst und zu Ihm »Ja« sagst, dann wirst du es schaffen.

Und euch jungen Männern sage ich, dass ihr viel zu kleinlich denkt, wenn ihr sagt: »Ich will heiraten. Dieses Mädchen gefällt mir.« In der Liebe geht es nicht nur um das, was uns gefällt. Die Liebe ist Willenskraft, Respekt, Geduld, Opfer und Hingabe an den Menschen, den du liebst. Zu sagen: »Ich will eine schöne Familie haben«, ist manchmal viel zu oberflächlich, geradezu banal. Denn wir haben junge Männer gesehen, die sich nicht gut vorbereitet hatten, die nicht darüber nachgedacht hatten, sondern einfach so geheiratet haben, als wäre das Ganze bloß ein Abenteuer, und die schon bald allein und traurig dastanden. Frage dich, ob du wirklich zur Ehe berufen bist. Fang an, dein tiefstes Inneres zu ergründen. Wenn du spürst, dass das dein Weg ist, dann bereite dich gut darauf vor, ein Ehemann zu sein, das heißt ein Geschenk zu sein für deine Braut. Du musst ein Geschenk für sie sein und sie muss ein Geschenk für dich sein. Und um diesen immerwährenden Austausch von Geschenken zu leben, musst du begreifen, dass das, was da beginnt, ein Leben zu zweit ist. Du bist dann nicht mehr allein mit deinen Überlegungen und Entscheidungen. Es geht nicht mehr nur nach deinem Kopf. Du kannst nicht immer das letzte Wort haben, sondern du musst auch deiner Frau die Möglichkeit geben, ihre Gedanken, Gefühle, Neigungen und Wünsche zu äußern. Du darfst nicht denken: »Sie soll mich glücklich machen!«, sondern: »Was muss ich tun, um meine Frau glücklich zu machen?« Dann wirst du ein reifer Mann, ein treuer Ehemann und Vater sein, der fähig ist, zu lieben.

Viele von euch ahnen vielleicht, dass sie zum geweihten Leben berufen sind, dass sie Jesus dabei helfen sollen, die verwundete Menschheit zu umarmen und zu heilen, aber sie drehen sich im Kreis und suchen überall nach einem »heiligen« Menschen, der ihnen klar sagt: »Weihe dich Gott, werde Priester!« Aber so funktioniert das nicht! Gott spricht zum Herzen! Wir können euch beraten, bestätigen, ermutigen, aber nicht Gott ersetzen. Wir haben einen Gott, der sich selbst als Weg, als Straße definiert. Glaubt ihr etwa nicht, dass Er selbst euch den Weg zeigt, wenn ihr es wirklich ernst meint? Aber lasst zuerst die Angst vor dem Wagnis hinter euch, die Angst, alles auf eine Karte zu setzen, denn die Angst trübt euren Blick.

In diesen Tagen war von etwas sehr Wertvollem die Rede, das viel wichtiger ist als die Nahrung, die wir zu uns nehmen. Es ist die Nahrung des Gebets. Ich denke an Jugendliche, die sich Zeit für das Gebet nehmen und dennoch immer zweifeln und angespannt sind. Ihr Gebet ist nur ein Gefühl, ist nur Ekstase. Wir wollen alle immer jemanden sehen, den wir außerhalb von uns suchen. Doch das Gebet ist eine Kraft in unserem Inneren, es ist eine Regung, die kühn und mutig macht. Das Gebet verankert dich im Willen Gottes, es verändert dich.

Beleidigen wir den Herrn nicht, indem wir Ihm weiter ausweichen. Wenn dieser Gott nicht zu euch spricht, dann ist das ein Zeichen dafür, dass ihr noch immer vor »Götzenbildern« kniet, nicht vor Gott, dem Gott Jesu Christi! Wenn Er euch nicht die Kühnheit, den Mut und die Freiheit schenkt, euch von euch selbst und euren Ängsten, euren Komplexen, euren Sünden zu lösen, und wenn Er euch nicht mitten hineinführt in die Welt, um vorwärts zu gehen und Zeugnis zu geben, dann ist dieser Gott nicht der Gott Jesu Christi. Dann habt ihr euch selbst einen Gott geschaffen, einen »bequemen Gott«. So habt ihr euch ein Trugbild nach euren eigenen Maßstäben geschaffen. Ihr habt euch selbst ins Gefängnis gesperrt. Doch wenn wir wirklich dem Gott Jesu Christi begegnen, dann ist das ein Gott, der dich annimmt, ein Gott, der dich ruft, ein Gott, der dich erfüllt, ein Gott, der dich aussendet. Er sendet dich, damit du hinausrufst, was wir eben hier alle gemeinsam gerufen haben: Es gibt Gott, und ich bin Ihm begegnet! Und wo sollen wir anfangen? Mit der Mission in eurem eigenen Zuhause.

Es gibt Gott, und ich bin Ihm begegnet! Und dieser Gott, dem du begegnet bist, der kann nicht zulassen, dass du weiterhin in diesem falschen Frieden lebst, diesem »Friedhofsfrieden«, der viel zu oft in den Familien herrscht. Im Gegenteil: Dieser Gott spornt dich an. Er entzündet ein Feuer in deinem Inneren, denn seine große Leidenschaft ist unser Heil.

Wir sind alle verantwortlich, wenn wir sagen: Ich bin Ihm begegnet! Und wir sind Ihm nicht deshalb begegnet, weil wir besser oder schöner sind. Wir sind Ihm begegnet, weil wir eine ganz bestimmte Verantwortung haben. Wir müssen es allen zurufen, immer. Und wisst ihr, welcher Ruf, welcher Schrei der authentischste ist und Menschen am meisten aufrüttelt? Das ist die Zumutung einer aufrichtigen Umkehr. Wenn die Menschen sie bemerken, dann geraten sie in eine Krise und fangen sofort an, uns genauer zu beobachten. Eine Umkehr, die dich einlädt, radikale Entscheidungen zu treffen, Entscheidungen, die denen der Welt widersprechen, Entscheidungen, die die anderen dazu bringen, sich zu wundern und zu staunen.

Ich spreche vor allem zu euch, liebe Jugendliche. Unser Glaube muss mit konkreten Entscheidungen verbunden sein, muss in Entscheidungen konkret werden. Lassen wir die Macht Gottes siegen, die in uns wirkt. Die Welt braucht heute konkrete Antworten, lebendige Antworten, ewige Antworten. Unsere Entscheidungen, die wir in Gott treffen, sind solche Antworten, in denen schon jetzt die Ewigkeit spürbar wird.

Und nur durch das Kreuz wird es ein erneuertes Leben geben. Glaubt es nicht, wenn man euch sagt, dass es eine Alternative gibt. Glaubt es nicht! Die Wahrheit ist, dass sich unser Gott selbst am Kreuz geopfert hat, um uns seine Liebe zu erweisen, und das bedeutet, dass das Glück aus der Umarmung des Gekreuzigten entspringt. Der Augenblick des Kreuzes wird kommen. Wenn wir wahres Glück und echte Freude kosten wollen, müssen wir uns auf diesen Augenblick vorbereiten. Lassen wir uns zuerst vom Kreuz Christi umarmen, damit wir dann im Glauben an Ihn die Kreuze des Lebens umarmen und tragen können.

Das Abenteuer mit Gott ist etwas Faszinierendes, das sich für immer in dein Inneres einprägt – gerade deshalb, weil Gott nicht nur einmal, sondern in jedem Augenblick des Tages ruft, und indem Er dich immer wieder ruft, schafft Er dich neu und baut dich auf. Deine Traurigkeit verwandelt Er in Freude, deine Schwäche verwandelt Er in Kraft, deine Sünde verwandelt Er in Barmherzigkeit. Du kannst diesem Gott nicht widerstehen, der dich schafft und erneuert. Wehe mir, wenn ich heute noch dieselbe wäre wie gestern! In seiner Treue bewegen wir uns, in seiner Gnade verändern wir uns.

Heute, nach all den Jahren, kann auch ich sagen, dass ich mich verändert habe, dass ich gütiger geworden bin, dass ich gläubiger geworden bin, dass ich auf eine wahrhaftigere Weise die Liebe Gottes erfahren habe.

Ja, Gott gibt es, und wir sind Ihm begegnet.

Er ist hier, Er lebt, Er ist mit uns auf dem Weg!

*Ich danke euch dafür, dass ihr mir zugehört habt,*
*und ich bitte euch, für uns zu beten.*
*Wir werden für euch beten, mit großer Liebe.*
*Danke … ich umarme euch.*

Mutter Elvira

# INHALT

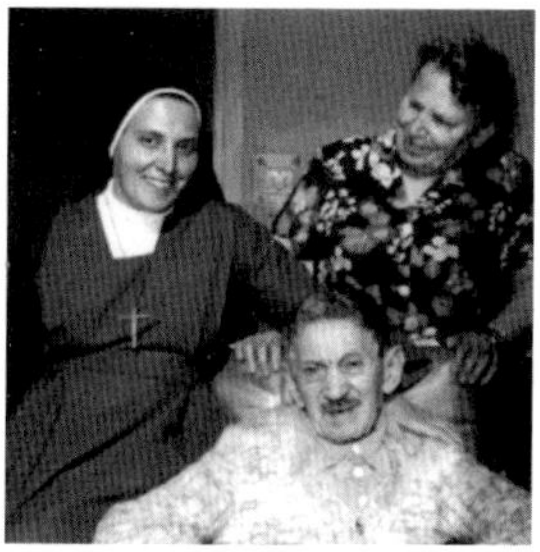

# Der Anfang

## Die Freundschaft

## Die Arbeit

## Das Gebet

## Die Vorsehung

## Unsere Familien

## Unsere Missionare – Diener aus Liebe

## Die Brüder

## Unsere Missionsschwestern der Auferstehung

# Unsere Missionen

## In der Kirche

# Das Musical »Credo«

## Das Fest des Lebens

## Die Zeugnisse

# Gemeinschaft Cenacolo

Im Juli 1983 ruft die Ordensfrau Rita Petrozzi, heute als »Mutter Elvira« bekannt, in einem verfallenen Haus oberhalb von Saluzzo die Gemeinschaft Cenacolo ins Leben. Es ist eine Antwort der zärtlichen Liebe Gottes, des Vaters, auf den verzweifelten Schrei unzähliger Jugendlicher.

Sie beginnt ohne jede materielle Sicherheit, doch mit der großen Gewissheit, dass Gott treu ist. Und so klopfen immer mehr orientierungslose und einsame, verzweifelte und drogensüchtige junge Menschen an die Tür der Gemeinschaft Cenacolo, weil sie Hilfe suchen, um ein neues Leben zu beginnen.

Mit ihnen kommen auch die ersten konkreten Hilfen der »Vorsehung«: Lebensmittel, Werkzeuge, Freunde, die bereit sind, mitzuhelfen … Sie sind ein Zeichen dafür, dass »Gott bei uns ist und für uns sorgt!«

Das ist der Anfang einer »schönen Geschichte«, die uns bis heute in Erstaunen versetzt. Die Jugendlichen selbst, die bereits ein neues Leben begonnen haben, strecken denen die Hand entgegen, die in Schwierigkeiten sind. Auf diese Weise eröffnet sich völlig überraschend ein ungeplanter missionarischer Horizont. Mit den Jahren wächst das kleine Samenkorn, das in Saluzzo gekeimt hat, und vervielfacht sich.

Zurzeit wirkt die Gemeinschaft

- in den folgenden europäischen Ländern: Bosnien-Herzegowina, England, Frankreich, Irland, Italien, Kroatien, Österreich, Polen, Portugal, Slowakei, Slowenien, Spanien
- auf dem amerikanischen Kontinent: in den Vereinigten Staaten, Argentinien, Brasilien, Mexiko, Peru
- in Afrika: Liberia

In den mehr als sechzig Häusern der Gemeinschaft nehmen wir unentgeltlich unzählige Menschen auf, die auf der Suche nach dem Sinn des Lebens sind und unter Krisensituationen oder Abhängigkeiten leiden.

In unseren Missionshäusern in Mittel- und Südamerika und in Afrika nehmen wir Straßenkinder auf, deren Eltern gestorben sind oder sie im Stich gelassen haben, und wir begleiten sie mit Liebe auf einem Weg in ein neues Leben.

Der Weg der Gemeinschaft besteht aus einem einfachen und familiären christlichen Leben. Dazu gehört die Wiederentdeckung der Kraft des Gebets, die als Geschenk erlebte Arbeit, echte Freundschaft, Opferbereitschaft und die Freude, für andere da zu sein.

Wir sind davon überzeugt, dass der Mensch in der lebendigen Begegnung mit der Barmherzigkeit Gottes neue Hoffnung schöpft und von den Ketten der Sklaverei befreit wird, sodass er die Schönheit des Lebens und die Freude des Liebens wiederentdeckt.

Die Gemeinschaft Cenacolo ist von der katholischen Kirche als »Internationale private Vereinigung von Gläubigen« anerkannt.

Für weitere Informationen wenden Sie sich bitte an:
Gemeinschaft Cenacolo
Kleinfrauenhaid 18
A-7023 Zemendorf-Stöttera
Österreich
Telefon: +43/2626 5963
E-Mail: gemeinschaft@cenacolo.at
Homepage: www.cenacolo.at

oder an die Freunde der Gemeinschaft Cenacolo
in Deutschland:
Margaret und Reinhard Schmittner
Kranichweg 26
D-81827 München
Telefon: +49/89 4301708
E-Mail: info@cenacolo.de
Homepage: www.cenacolo.de

oder an das Mutterhaus in Italien:
Comunità Cenacolo
Via San Lorenzo 35
I-12037 Saluzzo (CN)
Telefon: +39/0175/476369
E-Mail: info@comunitacenacolo.it
Homepage: www.comunitacenacolo.it